Jesko Niedziela

Rechnungslegung von Krankenhäusern: Eine Gegenüberstellung von HGB / KHBV und IFRS

Diplomica® Verlag GmbH

Niedziela, Jesko: Rechnungslegung von Krankenhäusern: Eine Gegenüberstellung von HGB / KHBV und IFRS, Hamburg, Diplomica Verlag GmbH 2010

ISBN: 978-3-8366-9290-8
Druck: Diplomica® Verlag GmbH, Hamburg, 2010

Bibliografische Information der Deutschen Nationalbibliothek:
Die Deutsche Nationalbibliothek verzeichnet diese Publikation in der Deutschen Nationalbibliografie; detaillierte bibliografische Daten sind im Internet über http://dnb.d-nb.de abrufbar.

Die digitale Ausgabe (eBook-Ausgabe) dieses Titels trägt die ISBN 978-3-8366-4290-3 und kann über den Handel oder den Verlag bezogen werden.

Dieses Werk ist urheberrechtlich geschützt. Die dadurch begründeten Rechte, insbesondere die der Übersetzung, des Nachdrucks, des Vortrags, der Entnahme von Abbildungen und Tabellen, der Funksendung, der Mikroverfilmung oder der Vervielfältigung auf anderen Wegen und der Speicherung in Datenverarbeitungsanlagen, bleiben, auch bei nur auszugsweiser Verwertung, vorbehalten. Eine Vervielfältigung dieses Werkes oder von Teilen dieses Werkes ist auch im Einzelfall nur in den Grenzen der gesetzlichen Bestimmungen des Urheberrechtsgesetzes der Bundesrepublik Deutschland in der jeweils geltenden Fassung zulässig. Sie ist grundsätzlich vergütungspflichtig. Zuwiderhandlungen unterliegen den Strafbestimmungen des Urheberrechtes.

Die Wiedergabe von Gebrauchsnamen, Handelsnamen, Warenbezeichnungen usw. in diesem Werk berechtigt auch ohne besondere Kennzeichnung nicht zu der Annahme, dass solche Namen im Sinne der Warenzeichen- und Markenschutz-Gesetzgebung als frei zu betrachten wären und daher von jedermann benutzt werden dürften.

Die Informationen in diesem Werk wurden mit Sorgfalt erarbeitet. Dennoch können Fehler nicht vollständig ausgeschlossen werden, und der Diplomica Verlag, die Autoren oder Übersetzer übernehmen keine juristische Verantwortung oder irgendeine Haftung für evtl. verbliebene fehlerhafte Angaben und deren Folgen.

© Diplomica Verlag GmbH
http://www.diplomica-verlag.de, Hamburg 2010
Printed in Germany

Inhaltsverzeichnis

Abkürzungsverzeichnis .... *III*
Abbildungsverzeichnis .... *V*

1. Problemstellung 1

2. Grundlagen 2

    2.1 Die „Branche" 2
    2.2 Krankenhausträger 4
    2.3 Rechtsformen 5
    2.4 Krankenhausfinanzierung 6

3. Rechnungslegung von Krankenhäusern eine Gegenüberstellung von HGB/KHBV und IFRS 10

    3.1 Rechnungslegung von Krankenhäusern – Rechtliche Grundlagen 11
        3.1.1 Rechtliche Grundlagen – HGB / KHBV 11
        3.1.2 Rechtliche Grundlagen – IFRS 18

    3.2 Krankenhausspezifische Bilanzpositionen nach HGB / KHBV und IFRS 28
        3.2.1 Bilanzierung von Fördermitteln 28
            3.2.1.1 Bilanzierung von Fördermitteln nach HGB /KHBV 29
                3.2.1.1.1 Forderungen / Verbindlichkeiten nach dem Krankenhaus-
finanzierungsrecht (KGr. 15, KGr. 35) 31
                3.2.1.1.2 Sonderposten aus Zuwendungen zur Finanzierung des
Sachanlagevermögens 32
                3.2.1.1.3 Vorgriff auf pauschale Fördermittel 37
                3.2.1.1.4 Ausgleichsposten nach KHG 40

3.2.1.2 Bilanzierung von Fördermitteln nach IFRS 43

    3.2.1.2.1 Forderungen / Verbindlichkeiten aus Fördermitteln 43

    3.2.1.2.2 Brutto- und Nettobilanzierung von Fördermitteln nach IFRS 45

    3.2.1.1.3 Vorgriff auf pauschale Fördermittel 59

    3.2.1.1.4 Ausgleichsposten nach KHG 59

3.2.2 Unfertige Leistungen 61

    3.2.2.1 Unfertige Leistungen – Bilanzierung nach HGB / KHBV 61

    3.2.2.2 Unfertige Leistungen – Bilanzierung nach IFRS 67

3.3 Gewinn- und Verlustrechnung nach HGB / KHBV und IFRS – weitere krankenhausspezifische Posten und Sachverhalte 75

3.4 Der Komponentenansatz 81

3.5 Kapitalflussrechnung 85

4. Schlussbemerkungen 93

Anhang .... *VI*

  (1.) Gliederung der Bilanz nach Anlage 1 KHBV .... *VI*

  (2.) Gliederung der Gewinn – und Verlustrechnung nach Anlage 2 KHBV .... *X*

  (3.) Artikel 13 Abs. 1 BilMoG – Änderungen der KHBV .... *XII*

Literaturverzeichnis .... *XIV*

Abkürzungsverzeichnis

AktG	Aktiengesetz
ARC	Accounting Regulatory Commitee
BilMoG	Bilanzrechtsmodernisierungsgesetz
BPflV	Bundespflegesatzverordnung
DRG	Diagnosis Related Group, deutsch: Diagnosebezogene Fallgruppe
DRS	Deutscher Rechnungslegungsstandard
EFRAG	European Financial Reporting Advisory Group
EGHGB	Einführungsgesetz zum Handelsgesetzbuch
FPV	Fallpauschalenvereinbarung
GmbHG	GmbH- Gesetz
GoB	Grundsätze ordnungsgemäßer Buchführung
GuV	Gewinn- und Verlustrechnung
HGB	Handelsgesetzbuch
HGB-E	HGB-Entwurf
IAS	International Accounting Standard
IASB	International Accounting Standard Board

IASC	International Accounting Standards Committee
IDW	Institut der Wirtschaftsprüfer
IFRIC	International Financial Reporting Interpretations Committee
IFRS	International Financial Reporting Standards
KGr.	Kontengruppe (nach Anlage 4 KHBV)
KUGr.	Kontenuntergruppe (nach Anlage 4 KHBV)
KHBV	Krankenhaus- Buchführungsverordnung
KHBV-E	KHBV-Entwurf
KHEntgG	Krankenhaus- Entgeltgesetz
KHFA	Krankenhausfachausschuss
KHG	Krankenhausfinanzierungsgesetz
OPS	Operationen- und Prozedurenschlüssel
POC	Percentage of Completion
PBV	Pflege – Buchführungsverordnung
RefE BilMoG	Referentenentwurf des Bilanzmodernisierungsgesetzes
SGB V	Sozialgesetzbuch V- Gesetzliche Krankenversicherung
SIC	Standing Interpretations Committee

Abbildungsverzeichnis

Abbildung 1: Interessengruppen eines Krankenhauses 3

Abbildung 2: Rechtsformen von Krankenhäusern und einschlägige Rechtsvorschriften 5

Abbildung 3: Gemischte Tätigkeiten eines Krankenhauses und ihre Abbildung im Jahresabschluss 15

Abbildung 4: Abgrenzung der Vorschriften für Kapitalgesellschaften gegenüber der KHBV 17

Abbildung 5: Einschlägige Gesetze für die Erstellung eines Krankenhausabschlusses nach deutschem Gesetz 18

Abbildung 6: Framework: Zweck, Basisannahmen und Anforderungen der Rechnungslegung nach IFRS 22

Abbildung 7: Mindestbestandteile einer nach Fristigkeit gegliederten Bilanz nach IFRS 25

Abbildung 8: Minimalgliederung der Gewinn – und Verlustrechnung nach IFRS 26

Abbildung 9: Abbildung des Investitionsbereichs in der Bilanz nach HGB / KHBV 29

Abbildung 10: Abbildung des Investitionsbereichs in der GuV nach HGB / KHBV 30

Abbildung 11: Erfassung von Wertänderungen beim Neubewertungsmodell nach IFRS 48

Abbildung 12: Kapitalflussrechnung der Helios Kliniken GmbH – Geschäftsbericht 2008 91

Abbildung 13: Kapitalflussrechnung der Sana Kliniken AG – Geschäftsbericht 2008 .. 92

1. Problemstellung

Das zum Stichtag 01.01.1993 reformierte Krankenhausfinanzierungsgesetz (KHG) hat zu grundlegenden Veränderungen in der Bewertung von Dienstleistungen der Krankenhäuser geführt. Ab diesem Zeitpunkt gelten sie als Wirtschaftsunternehmen, denen wie jeder gewinn – maximierenden Organisationsform eine betriebswirtschaftliche Unternehmensstrategie gegenüber den anderen Marktanbietern zu Grunde liegt. Im Kern besagt die Reform, dass das zuvor geltende Selbstkostendeckungsprinzip und damit die volle Übernahme der Kosten eines Krankenhauses, aufgehoben wurde. Diese Kosten betreffen die Pflegesätze einschließlich operativer Leistungen für jeden Patienten, die von den Krankenversicherungen bzw. Pflegeversicherungen bis dato *vollständig* übernommen wurden. Weitere Kosten wie Investitionen in medizinische Geräte und Gebäude werden weiterhin, bei Erfüllung der gesetzlich geforderten Bedingungen, vom jeweiligen Bundesland erstattet. Die sogenannte *Duale Finanzierung*, bildet die Besonderheit im Rahmen der wirtschaftlichen Betrachtung von deutschen Krankenhäusern. Den Ausstieg aus der Selbstkostendeckung, charakterisiert unter anderem § 17 Abs. 1 KHG: „ Die Pflegesätze und die Vergütung für vor – und nachstationäre Behandlung nach § 115 a des Fünften Buches Sozialgesetzbuch sind für alle Benutzer des Krankenhauses einheitlich zu berechnen. Die Pflegesätze sind im Voraus zu bemessen. Bei der Ermittlung der Pflegesätze ist der Grundsatz der Beitragssatzstabilität (§71 Abs. 1 des Fünften Buches Sozialgesetzbuch) nach Maßgabe dieses Gesetzes und des Krankenhausentgeltgesetzes zu beachten. *Überschüsse verbleiben dem Krankenhaus; Verluste sind vom Krankenhaus zu tragen.*"

Das Krankenhäuser Gewinne aber auch Verluste erwirtschaften können, unterscheidet deren Anforderungsprofil an die interne und externe Rechnungslegung kaum von dem eines mittelständischen Unternehmens. Im Rahmen dieser Entwicklung, die Teil weiterer Reformen im deutschen Gesundheitswesen ist, sind an die Unternehmensleitung und vor allem die Rechnungslegung von Krankenhäusern erhöhte Anforderungen zu stellen. Dies bedeutet auch, dass Krankenhäuser sich zunehmend in einem Wettbewerbsumfeld um Patienten, Mitarbeiter und finanzielle Ressourcen (beispielsweise Darlehen/ Kredite) befinden. Aussagefähige Informationen zur wirtschaftlichen Lage eines Krankenhauses sind somit nicht nur für den internen Bereich wichtig, sondern auch für Anteilseigner, Gläubiger, Arbeitnehmer und Geschäftspartner. Außerdem ist in den letzten Jahren ein Trend zur Privatisierung von Krankenhäusern bzw. zur Bildung von privaten Krankenhauskonzernen zu erkennen. Muttergesellschaften von Wirtschaftsunternehmen stellen gemäß ihrer Verpflichtungen einen

Jahresabschluss nach internationalen Rechnungslegungsstandards auf. Auch der Jahresabschluss des „Tochterunternehmens" wird danach nach internationalen Rechnungslegungsstandards aufgestellt. Eine Betrachtung dieser Entwicklung ist deshalb sinnvoll und für die Praxis hilfreich.

Die folgende Abhandlung besteht aus zwei Teilen. Zunächst soll der Leser durch einen Überblick über ausgewählte Grundlagen des Krankenhausmanagements, in relevante Zusammenhänge der deutschen Krankenhausbranche eingeführt werden. (vgl. 2.) Den Kern bildet der dritte Teil, in dem die nationalen und internationalen Rechnungslegungssysteme (HGB / KHBV – IFRS) aktuell gegenübergestellt werden. Hierbei konzentriert sich der Verfasser ausschließlich auf die Betrachtung ausgewählter, krankenhausspezifischer Bilanzpositionen, GuV – Posten sowie Jahresabschlussbestandteile. (vgl. 3.)

2. Grundlagen

Im Folgenden werden ausgewählte Grundlagen des Krankenhausmanagements beschrieben, die den Ist – Zustand der „Branche" erläutern sollen. Einem Anspruch auf Vollständigkeit kann hierbei jedoch nicht Rechnung getragen werden. Vielmehr dient dieser Teil als Einstieg und unterstreicht die wirtschaftlichen und rechtlichen Besonderheiten des deutschen Krankenhaussektors. Die beschriebenen Grundlagen bilden die Basis für die im dritten Teil vorgestellten Besonderheiten der Rechnungslegung von Krankenhäusern. (vgl. 3.)

2.1 Die „Branche"

Die deutsche Krankenhausbranche ist spätestens seit Einführung des DRG – Vergütungssystems nach § 17 b KHG durch eine Zunahme des Wettbewerbs um Patienten geprägt. Um die Wirtschaftlichkeit auf der Erlösseite sicherzustellen, ist es notwendig, die individuellen Fallzahlen des jeweiligen Krankenhauses zu halten oder zu mehren. Dieser Standpunkt erfordert ein grundlegendes Umdenken von vielen Mitarbeitern in den Krankenhäusern. Während es in früheren Zeiten für die Wirtschaftlichkeit eines Krankenhauses nicht wesentlich war, wie viele Fälle therapiert wurden, ist dies heute, im Rahmen der Vergütung nach Fallpauschalen, der Kerntreiber des erwirtschafteten Erlöses. (vgl. Salfeld / Hehner / Wichels 2008, S. 20 f.) Die größte Herausforderung für die

Krankenhausführung besteht derzeit darin, mit häufig noch unzureichenden Organisationsstrukturen die Wirtschaftlichkeit und Wettbewerbsfähigkeit des eigenen Hauses sicherzustellen – und zwar bei teils überalterter, teils kontraproduktiv gewordener Infrastruktur. Gewiss, die Ausgangslage für die Krankenhäuser und ihre Träger ist nicht überall gleich: Manche Träger, vor allem private Krankenhausgesellschaften, sind inzwischen gut gerüstet, verfügen über eine hochmoderne Infrastruktur und haben bereits mit Erfolg effiziente Prozesse und Abläufe implementiert. Andere Kliniken hingegen haben nur vergleichsweise geringe Fortschritte erzielen können, sitzen in alten Baulichkeiten, verfügen über kaum Spielraum bei der Personalentwicklung und sind teilweise kaum in der Lage die anfallenden Kosten zu stemmen. (vgl. Salfeld / Hehner / Wichels 2008, S. 23) Diese Aspekte unterstreichen den Trend zur Privatisierung im deutschen Krankenhaussektor und stellen zusätzlich erhöhte Anforderungen an das Rechnungswesen und Controlling der jeweiligen Krankenhausträgergesellschaft.

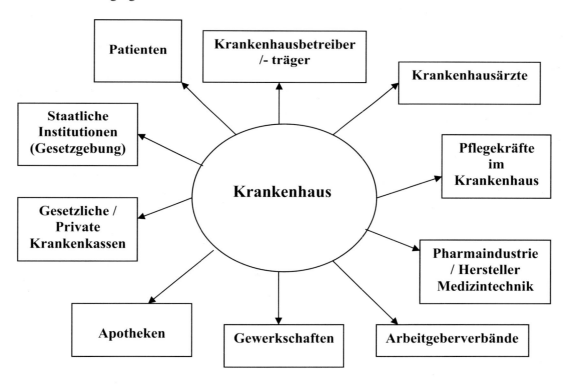

Abbildung 1: Interessengruppen eines Krankenhauses
(eigene Abbildung)

Die in Abbildung 1 dargestellten Interessengruppen eines Krankenhauses sollen zusammenfassend unterstreichen, welche unterschiedlichen Akteure mit einem Krankenhaus in Verbindung stehen. Dieser Aspekt stellt die Betrachtung eines Krankenhauses als Wirtschaftsunternehmen zusätzlich in ein besonderes Licht und visualisiert zugleich die nicht vergleichbare Komplexität der Branche.

2.2 Krankenhausträger

Als Krankenhausträger werden Betreiber und meist auch Besitzer eines oder mehrerer Krankenhäuser bezeichnet. Krankenhausträger können juristische oder natürliche Personen sein. Dabei wird in Deutschland traditionell zwischen öffentlichen, freigemeinnützigen und privaten Krankenhausträgern unterschieden. (vgl. Wirtschaftslexikon 24.net 2009)

1. freigemeinnützige Träger: Krankenhäuser mit freigemeinnützigem Träger sind Einrichtungen, die von Trägern der kirchlichen und freien Wohlfahrtspflege, Kirchengemeinden, Stiftungen oder Vereinen unterhalten werden.

2. öffentliche Träger: Krankenhäuser mit öffentlichem Träger sind Einrichtungen, die von Gebietskörperschaften (Bund, Land, Kreis, Gemeinde) oder von Zusammenschlüssen solcher Körperschaften wie Arbeitsgemeinschaften oder Zweckverbänden oder von Sozialversicherungsträgern wie Landesversicherungsanstalten und Berufsgenossenschaften betrieben oder unterhalten werden.

3. private Träger: Krankenhäuser mit privatem Träger sind Einrichtungen, die als gewerbliches Unternehmen einer Konzession nach § 30 Gewerbeordnung bedürfen. In Deutschland sind im Wesentlichen vier private Krankenhausträgergesellschaften zu nennen, die sich in diesem Zusammenhang nahezu den Markt aufteilen: Helios Kliniken GmbH, Sana Kliniken AG, Rhön Klinikum AG, Asklepios Kliniken GmbH.
(vgl. Statistisches Landesamt Sachsen-Anhalt 2009)

Der Krankenhausträger bzw. sein gesetzlicher Vertreter ist der offizielle Partner der Krankenkassen im Hinblick auf die Vereinbarung von Budgets, Pflegesätzen bzw. Basisfallwerten. Er ist auch Adressat des Versorgungsvertrages für ein Krankenhaus. Synonym verwendete Begriffe sind Krankenhausbetreiber oder Klinikbetreiber. (vgl. Wirtschaftslexikon 24.net 2009)

2.3 Rechtsformen

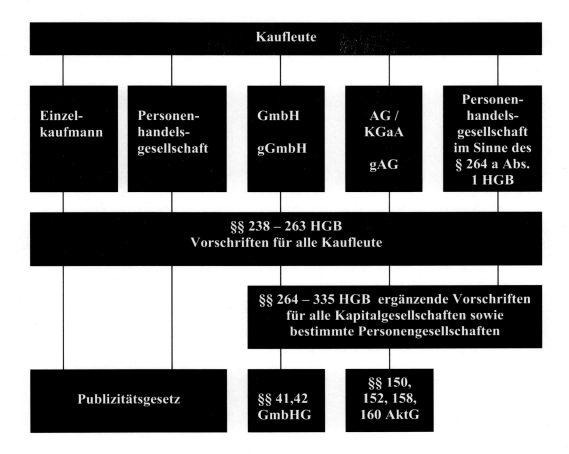

Abbildung 2: Rechtsformen von Krankenhäusern und einschlägige Rechtsvorschriften
(vgl. PricewaterhouseCoopers AG WPG 2006, S. 17)

Krankenhäuser können in den unterschiedlichsten Rechtsformen geführt werden. Die Trägerschaft von Krankenhäusern sagt heute meist nichts mehr über die Rechtsform aus, in der das Krankenhaus betrieben wird. So gibt es durchaus kommunale GmbHs und Aktiengesellschaften ebenso wie („frei") - gemeinnützige Aktiengesellschaften.

Die in Abbildung 2 aufgeführten Rechtsformen von Krankenhäusern erheben keinen Anspruch auf Vollständigkeit. Rechtsformen wie Stiftungen, Vereine, etc. werden an dieser Stelle vernachlässigt. Im Fokus stehen insbesondere (Plan-)Krankenhäuser bzw. Krankenhausträgergesellschaften, die als Kapitalgesellschaften organisiert sind. Im Zentrum dieser Studie steht die Analyse der Rechnungslegung von Krankenhäusern. In diesem Rahmen werden die internationalen Rechnungslegungsrichtlinien (IFRS) den nationalen

Rechnungslegungsrichtlinien (HGB / KHBV) gegenübergestellt. Da in Deutschland bis dato ausschließlich die privaten Krankenhauskonzerne nach den internationalen Vorschriften bilanzieren, sollen diese auch in den folgenden Ausführungen im Vordergrund stehen. Die privaten Krankenhausträger und deren Krankenhäuser sind grundsätzlich in der Rechtsform einer Kapitalgesellschaft organisiert.

2.4 Krankenhausfinanzierung

Die externe Rechnungslegung sowie Finanzierung für Krankenhausunternehmen wird in Deutschland neben den allgemeinen Rechnungslegungsvorschriften im Wesentlichen durch das Krankenhausfinanzierungsgesetz (KHG), das Krankenhausentgeltgesetz (KHEntG), die Bundespflegesatzverordnung (BPflV), die Pflege – Buchführungsverordnung (PBV) sowie die Krankenhaus-Buchführungsverordnung (KHBV) bestimmt. (vgl. Penter / Kohler 2005, S. 28) Die KHBV sowie die allgemeinen Rechnungslegungsvorschriften werden im dritten Teil ausführlich behandelt. (vgl. 3.1.1)

Das KHG unterscheidet zwischen der Finanzierung von Investitions- und Betriebskosten. Diese Trennung der Kosten wird auch als Prinzip der „dualen Finanzierung" von Krankenhäusern bezeichnet. Das KHG als Rahmengesetz bildet die Grundlage für die Förderung von Investitionen, welche konkret durch die einzelnen Krankenhausgesetze der Bundesländer bestimmt wird. Die Betriebskosten, die im Wesentlichen von den Patienten eines Krankenhauses verursacht werden, sind nach Krankenhausentgeltgesetz durch die Krankenversicherungen zu tragen. Der Geltungsbereich dieser Regelungen erfasst alle sogenannten Plankrankenhäuser, die im jeweiligen Landeskrankenhausplan eingetragen sind. (vgl. Penter / Kohler 2005, S. 28) Im Folgenden sollen die einschlägigen Gesetze der Krankenhausfinanzierung in ihren Grundzügen beschrieben werden.

Das Krankenhausfinanzierungsgesetz

Auf Bundesebene bildet das Krankenhausfinanzierungsgesetz (KHG) die bedeutendste rechtliche Grundlage für die Krankenhausfinanzierung und die Krankenhausplanung. Mit der Verabschiedung des KHG im Jahr 1972 wurde die duale Finanzierung, also die Investitionsfinanzierung als Aufgabe der öffentlichen Hand und die Begleichung der Betriebskosten der Krankenhäuser über die Krankenkassen, eingeführt. Der Zweck des KHG ist die wirtschaftliche Sicherung der Krankenhäuser, um eine bedarfsgerechte Versorgung der

Bevölkerung mit leistungsfähigen, eigenverantwortlich wirtschaftenden Krankenhäusern zu gewährleisten und zu sozial tragbaren Pflegesätzen beizutragen (vgl. § 1 Abs. 1 KHG). Durch das Krankenhausfinanzierungsgesetz soll außerdem die Vielfalt der Krankenhausträger gefördert werden. Die Rechtsform eines Krankenhauses soll keinen Ausschlag bei der Verteilung von Fördermitteln geben. Das Krankenhausfinanzierungsgesetz bietet nur einen Rahmen für die Krankenhausplanung und -finanzierung, der durch die individuellen Krankenhausgesetze der Bundesländer erweitert und mit Inhalt gefüllt wird. Dies kann unter anderem als Folge der dualen Krankenhausfinanzierung gesehen werden. Unter Investitionskosten versteht das KHG:

a) die Kosten der Errichtung (Neubau, Umbau, Erweiterungsbau) von Krankenhäusern und der Anschaffung der zum Krankenhaus gehörenden Wirtschaftsgüter, ausgenommen der zum Verbrauch bestimmten Güter (Verbrauchsgüter),

b) die Kosten der Wiederbeschaffung der Güter des zum Krankenhaus gehörenden Anlagevermögens (Anlagegüter).

Zu den Investitionskosten gehören nicht die Kosten des Grundstücks, des Grundstückerwerbs, der Grundstückserschließung sowie ihre Finanzierung (vgl. § 2 Abs. 2 KHG). Die Investitionsfinanzierung ist wie die Krankenhausplanung auf Bundesebene in § 6 Abs. 1 KHG geregelt. Jedes Bundesland hat danach einen Investitionsplan aufzustellen. Die Investitionsförderung teilt sich in zwei Bereiche, in die Einzelförderung und in die Pauschalförderung, auf. Nach § 8 Abs. 1 KHG besitzen ausschließlich die Krankenhäuser einen Anspruch auf Förderung, die im Krankenhausplan des jeweiligen Bundeslandes und bei Investitionen nach § 9 Abs. 1 Nr. 1 KHG in das Investitionsprogramm aufgenommen sind. Die zuständige Landesbehörde und der Krankenhausträger können für ein Investitionsvorhaben nach § 9 Abs. 1 KHG eine nur teilweise Förderung mit Restfinanzierung durch den Krankenhausträger vereinbaren.

Die *Einzelförderung* ist in § 9 Abs. 1 und 2 KHG geregelt. Danach fördern die Länder auf Antrag des Krankenhausträgers entstehende Investitionskosten insbesondere

1. für die Errichtung von Krankenhäusern einschließlich der Erstausstattung mit den für den Krankenhausbetrieb notwendigen Anlagegütern,

2. für die Wiederbeschaffung von Anlagegütern mit einer durchschnittlichen Nutzungsdauer von mehr als drei Jahren. Die Länder bewilligen auf Antrag des Krankenhausträgers ferner Fördermittel,

1. für die Nutzung von Anlagegütern, soweit sie mit Zustimmung der zuständigen Landesbehörde erfolgt,

2. für Anlaufkosten, für Umstellungskosten bei innerbetrieblichen Änderungen sowie für Erwerb, Erschließung, Miete und Pacht von Grundstücken, soweit ohne die Förderung die Aufnahme oder Fortführung des Krankenhausbetriebs gefährdet wäre,

3. für Lasten aus Darlehen, die vor der Aufnahme des Krankenhauses in den Krankenhausplan für förderungsfähige Investitionskosten aufgenommen worden sind,

4. als Ausgleich für die Abnutzung von Anlagegütern, soweit sie mit Eigenmitteln des Krankenhausträgers beschafft worden sind und bei Beginn der Förderung nach diesem Gesetz vorhanden waren,

5. zur Erleichterung der Schließung von Krankenhäusern,

6. zur Umstellung von Krankenhäusern oder Krankenhausabteilungen auf andere Aufgaben, insbesondere zu ihrer Umwidmung in Pflegeeinrichtungen oder selbständige, organisatorisch und wirtschaftlich vom Krankenhaus getrennte Pflegeabteilungen.

Die weiteren Einzelheiten zur Einzelförderung sind nach § 11 KHG in den jeweiligen Landeskrankenhausgesetzen geregelt.

Die *Pauschalförderung* ist in § 9 Abs. 3 KHG geregelt. Danach fördern die Länder die Wiederbeschaffung kurzfristiger Anlagegüter sowie kleine bauliche Maßnahmen durch feste jährliche Pauschalbeträge, mit denen das Krankenhaus im Rahmen der Zweckbindung der Fördermittel frei wirtschaften kann. Die Pauschalbeträge sollen nicht ausschließlich nach der Zahl der in den Krankenhausplan aufgenommenen Betten bemessen werden. Sie sind in regelmäßigen Abständen an die Kostenentwicklung anzupassen.

Die weiteren Einzelheiten zur Pauschalförderung sind nach § 11 KHG in den jeweiligen Landeskrankenhausgesetzen geregelt und werden durch landesspezifische Verordnungen der zuständigen Landesbehörde in bestimmten Abständen ergänzt bzw. korrigiert.

(vgl. Deutsche Krankenhaus Gesellschaft 2009)

Das Krankenhausentgeltgesetz

„Das Krankenhausentgeltgesetz stellt die gesetzliche Grundlage für die Einführung der Fallpauschalen für die vollstationären Krankenhausleistungen dar." (Penter / Kohler 2005, S. 30) Nach dem Krankenhausentgeltgesetz in Verbindung mit dem Krankenhausfinanzierungsgesetz werden die vollstationären und teilstationären Leistungen (Betriebskosten) der Krankenhäuser vergütet. Bis auf wenige Ausnahmen wird nach dem sogenannten DRG – System als einem durchgängigen, leistungsorientierten und pauschalierenden Vergütungssystem über die Patienten bzw. deren Sozialleistungsträger abgerechnet. (vgl. Koch 2007, S. 121)

„Diagnosebezogene Fallgruppen (DRGs) stellen eine Methode dar, mit der sich stationäre Behandlungsepisoden von Patienten in Kategorien einteilen und messen lassen. Um diese Methode auf einem aktuellen Stand zu halten, muss sie von Zeit zu Zeit modifiziert werden. Damit wird den geänderten medizinischen Anforderungen und Bedürfnissen bzw. einem geänderten Kodierverhalten Rechnung getragen." (IneK 2008, S.1)

Die Ausbildungsfinanzierung

Die Finanzierung von Ausbildungsstätten und Ausbildungsvergütungen ist in § 17 a KHG geregelt. In den sogenannten Ausgleichsfond für Ausbildung haben alle Krankenhäuser, gleichgültig ob sie ausbilden oder nicht, einen besonderen Zuschlag einzuzahlen. Der Ausgleichsfond wird von der Landeskrankenhausgesellschaft errichtet und verwaltet. Nach § 17a Abs.5 KHG wird der Ausbildungszuschlag je voll- oder teilstationärem Fall an den Ausgleichsfond abgeführt. Der Zuschlag ist beim Krankenhausunternehmen als durchlaufender Posten zu erfassen. Die Landeskrankenhausgesellschaft zahlt die Ausbildungsvergütung aus dem Ausgleichfond in monatlichen Raten an das ausbildende Krankenhaus. Diese Zahlungen sind vom jeweiligen Krankenhaus als Ertrag zu erfassen. Die zweckentsprechende Mittelverwendung ist nach § 17a Abs. 7 KHG durch eine vom Jahresabschlussprüfer bestätigte Aufstellung den Krankenkassen zu dokumentieren. (vgl. Penter / Kohler 2005, S.31 f.)

Die Bundespflegesatzverordnung

Durch die Einführung des KHEntgG wurde die Bundespflegesatzverordnung in ihrem Anwendungsbereich eingeschränkt. Seit 2004 gilt sie nur noch für Krankenhäuser, die nicht in das DRG – Abrechnungssystem einbezogen sind. Dies trifft vor allem auf psychiatrische und psychotherapeutische Krankenhäuser und Fachabteilungen zu. In diesem Zuge werden psychiatrische und psychotherapeutische Leistungen noch mit tagesgleichen Entgelten vergütet. (vgl. Penter / Kohler 2005, S.33)

Das Hochschulbauförderungsgesetz

Die Förderung von Hochschulen und Hochschulkliniken (z.B. Charite Berlin) wird durch das Hochschulbauförderungsgesetz bestimmt. Universitätskliniken fallen nicht in den Anwendungsbereich des KHG. Die Aufgabe des Aus- und Neubaus von Hochschulen und Hochschulkliniken wird von Bund und Ländern gemeinschaftlich wahrgenommen. Neben den Bauinvestitionen werden auch die Anschaffung und Wiederbeschaffung der Betriebs- und

Geschäftsausstattung von Hochschulkliniken erfasst. Unabdingbare Voraussetzung ist die Aufnahme in das sogenannte Hochschulverzeichnis. Die Förderung selbst wird durch den Rahmenplan bestimmt, der vom Bund und den Ländern in einem Planungsausschuss festgelegt wird. Die Verteilung der Kosten erfolgt zur Hälfte durch den Bund und zur anderen Hälfte durch das Land. Die Abbildung von Universitätskliniken im Jahresabschluss erfolgt im Wesentlichen nach den Regelungen der Krankenhaubuchführungsverordnung. (vgl. Penter / Kohler 2005, S.33)

3. Rechnungslegung von Krankenhäusern - eine Gegenüberstellung von HGB/KHBV und IFRS

Im folgenden Abschnitt sollen im Zuge der Rechnungslegung von Krankenhäusern die Buchführungsvorschriften nach HGB/KHBV und IFRS gegenübergestellt werden. Eine detaillierte Darstellung der einschlägigen Bilanz - und GuV - Positionen und deren Ansatz und Bewertung bildet den Kern dieses Buches. Ein besonderes Augenmerk richtet sich auf die krankenhausspezifischen Bilanzpositionen und Jahresabschlussbestandteile.

Generell soll gezeigt werden, dass Krankenhäuser ihre Bücher wie andere gewinn – maximierende Organisationsformen zu führen haben und sich je nach angewendetem Rechnungslegungssystem an den gesetzlich vorgeschriebenen Ansatz – und Bewertungsmethoden zu orientieren haben. (vgl. 3.1) Branchenspezifische Besonderheiten und Unterschiede zwischen den Rechnungslegungssystemen HGB / KHBV und IFRS, verleihen den einschlägigen Bilanz – und GuV – Posten sowie den Jahresabschlussbestandteilen einen speziellen Charakter. Diese werden nachstehend vorgestellt. (vgl. 3.2 – 3.5)

Es soll weiterhin darauf hingewiesen werden, dass die relevanten Paragraphen des Handelsgesetzbuches bzw. der Krankenhaus - Buchführungsverordnung an das im Jahr 2009 verabschiedete und ab 01.01.2010 verbindlich anzuwendende BilMoG bei Notwendigkeit angepasst wurden. (siehe Anhang – Artikel 13 Abs. 1 BilMoG) Änderungen redaktioneller Natur, werden in diesem Kontext nicht erwähnt.

3.1 Rechnungslegung von Krankenhäusern – Rechtliche Grundlagen

3.1.1 Rechtliche Grundlagen – HGB / KHBV

„Alle Krankenhäuser, die in den Anwendungsbereich des Krankenhausfinanzierungsgesetzes (KHG) fallen, haben – unabhängig von ihrer Rechtsform und rechtlichen Selbständigkeit – die Vorschriften der Krankenhaus – Buchführungsverordnung (KHBV) anzuwenden. Für diese Krankenhäuser ist ein eigener Jahresabschluss zwingend vorgeschrieben." (PricewaterhouseCoopers AG WPG 2006, S. 12) Grundlegend besteht die KHBV aus Spezialvorschriften zu den Rechnungslegungs – und Buchführungspflichten der Krankenhäuser in Deutschland und verweist weiterhin auf einzelne Vorschriften des Handelsgesetzbuches (HGB) und des Einführungsgesetzes zum Handelsgesetzbuch (EGHGB). Es handelt sich hierbei um die allgemeinen Rechnungslegungsvorschriften, die für alle Kaufleute gelten und um eine Auswahl der ergänzenden Bilanzierungsvorschriften des HGB für Kapitalgesellschaften. (vgl. PricewaterhouseCoopers AG WPG 2006, S. 12)

§ 1 KHBV regelt den Anwendungsbereich der Krankenhaus- Buchführungsverordnung und legt somit fest, wer diese Verordnung beachten muss. Wer in den Anwendungsbereich fällt hat weiterhin die Anlagen der KHBV zu beachten, denen dieselbe Rechtsqualität wie den einzelnen Vorschriften zu kommt. Die Anlagen der KHBV bestehen aus einer krankenhausspezifischen Gliederung der Bilanz und der GuV sowie einem Anlagennachweis.
§ 1 Abs. 1 KHBV legt fest, dass Krankenhäuser spezielle Rechnungslegungs – und Buchführungspflichten haben. Damit ist die KHBV eine Spezialvorschrift gegenüber anderen Rechnungslegungs – und Buchführungsvorschriften. Explizit erwähnt werden hierbei das Handels – und Steuerrecht. Nach § 1 Abs. 1 S. 2 KHBV sind diese Vorschriften jedoch weiterhin zu berücksichtigen. Die KHBV stellt eine Mindestanforderung an die Rechnungslegung von Krankenhäusern, der sich der jeweilige Krankenhausträger nicht entziehen kann. Auch eine Kaufmannseigenschaft nach HGB oder die Rechtsform des Krankenhauses haben keinen Einfluss darauf, ob die KHBV angewendet werden muss oder nicht. (vgl. § 1 Abs.1 S.1 KHBV)
§ 1 Abs. 2 KHBV nennt die Krankenhäuser, auf die die KHBV keine Anwendung findet. Zu nennen sind beispielsweise nicht nach dem KHEntgG geförderte Krankenhäuser oder Bundeswehrkrankenhäuser.

Neben den in § 1 Abs. 1 KHBV genannten Mindestanforderungen werden in § 1 Abs. 3 u. 4 KHBV ergänzende Vorschriften genannt, die sich ausschließlich auf Krankenhäuser in der Rechtsform von Kapitalgesellschaften beziehen. „Krankenhäuser in der Rechtsform einer Kapitalgesellschaft haben über die KHBV hinaus die Vorschriften des HGB ohne Einschränkung zu beachten." (PricewaterhouseCoopers AG WPG 2006, S.13) In diesem Zusammenhang wird Kapitalgesellschaften jedoch ein Wahlrecht eingeräumt, welches in § 1 Abs. 3 kodifiziert ist. Dieses Wahlrecht betrifft die Gliederungsvorschriften für Bilanz, Gewinn- und Verlustrechnung sowie den Anlagennachweis. Kurz formuliert haben Kapitalgesellschaften die Möglichkeit die drei genannten Bestandteile des Jahresabschlusses entweder nach KHBV Anlage 1 -3 oder nach HGB §§ 266,268 Abs.2 und 275 zu gliedern. Bei in Inanspruchnahme des Wahlrechts nach § 1 Abs. 3 KHBV „für Zwecke des Handelsrechts", sind die Einschränkungen des § 1 Abs. 4 KHBV zu beachten. Das angesprochene Wahlrecht nach § 1 Abs. 3 KHBV kann auch von Personen-handelsgesellschaften im Sinne des § 264a Abs. 1 HGB in Anspruch genommen werden. Für den Verfasser dieser Abhandlung stellt dieses Wahlrecht keine sinnvolle Regelung dar. Da nach KHBV eine spezielle Gliederung der Bilanz, GuV und des Anlagennachweises für Krankenhäuser existiert, sollte diese auch für alle Rechtsformen von Krankenhäusern schon alleine aus Vergleichbarkeitsgründen verpflichtend sein.

§ 2 KHBV legt als Geschäftsjahr eines Krankenhauses das Kalenderjahr fest.

Nach § 3 KHBV hat ein Krankenhaus, egal welcher Rechtsform, seine Bücher nach den Regeln der kaufmännischen doppelten Buchführung zu führen. Im Übrigen gelten die §§ 238 HGB (Buchführungspflicht) und § 239 HGB (Führung der Handelsbücher). Die Konten sind nach dem Kontenrahmen der Anlage 4 KHBV einzurichten, es sei denn, dass durch ein ordnungsgemäßes Überleitungsverfahren die Umschlüsselung auf den Kontenrahmen sichergestellt wird. Für das Inventar gilt § 240 HGB (Inventar) und § 241 HGB (Inventurvereinfachungsverfahren).

§ 4 KHBV regelt den Jahresabschluss von Krankenhäusern. Laut § 4 Abs. 1 KHBV besteht der Jahresabschluss aus der Bilanz, der GuV und dem Anhang. (vgl. KHBV Anlage 1 – 3). „Soweit nicht zusätzliche Vorschriften für Kapitalgesellschaften zu beachten sind (§ 264 Abs. 1 HGB) soll der Jahresabschluss innerhalb von vier Monaten nach Ablauf des Geschäftsjahres aufgestellt werden." (PricewaterhouseCoopers AG WPG 2006, S.14) § 4 Abs. 3 KHBV regelt den Inhalt und Umfang des Jahresabschlusses. „Für die Aufstellung und den Inhalt des Jahresabschlusses gelten die §§ 242 bis 256 sowie § 264 Abs. 2, § 265 Abs. 2,5 und 8, § 268 Abs. 1 und 3, § 270 Abs. 2, § 271, § 275 Abs. 4, § 277 Abs. 2, Abs. 3 Satz 1 und Abs. 4 Satz 1, § 279 und § 284 Abs. 2 Nr. 1 und 3 des Handelsgesetzbuchs sowie Artikel 24 Abs. 5 Satz 2 und Artikel 28, 42 bis 44 des Einführungsgesetzes zum Handelsgesetzbuche, soweit diese Verordnung nichts anderes bestimmt." (§ 4 Abs. 3 KHBV) Die KHBV beschränkt sich inhaltlich auf die für alle Kaufleute geltenden Grundsätze ordnungsgemäßer Buchführung. Diese sind im Ersten Abschnitt des Dritten Buches des Handelsgesetzbuches im Einzelnen kodifiziert und dienen der Klarheit, Vollständigkeit und Richtigkeit des Jahresabschlusses. „ Ferner werden – insbesondere im Interesse des Krankenhausfinanzierungsrechts – aus den ergänzenden Bilanzierungsvorschriften für Kapitalgesellschaften die Generalnorm des Paragraphen 264 Abs. 2 HGB für den Jahresabschluss (Vermittlung eines den tatsächlichen Verhältnissen entsprechenden Bildes der Vermögens-, Finanz- und Ertragslage) sowie die Nichtanwendungsvorschriften des § 279 HGB (Verbot bzw. Beschränkung von Sonderabschreibungen) übernommen. Dagegen wird von einer Übernahme der weiterreichenden Anforderungen des HGB für die Berichterstattung der Kapitalgesellschaft im Anhang als drittem Teil des Jahresabschlusses neben der Bilanz und der Gewinn – und Verlustrechnung abgesehen. Hiervon ausgenommen sind zwei Vorschriften des § 284 HGB, die sich auf die Darstellung der Bilanzierungs – und Bewertungsmethoden und deren Veränderungen beziehen. Ebenfalls wird die Verpflichtung für Kapitalgesellschaften zur Erstattung eines Lageberichts (vgl. § 264 Abs. 1 Satz 1 i.V.m. § 289 HGB) nicht übernommen. Hier können jedoch landesrechtliche Regelungen zum Zuge kommen." (PricewaterhouseCoopers AG WPG 2006, S.13)

Als weitere rechtliche Besonderheit ist der Aspekt des bilanzierungspflichtigen Vermögens eines Krankenhauses zu nennen. Wie bereits erläutert werden der wirtschaftlichen Einheit Krankenhaus, Rechnungslegungs- und Buchführungspflichten nach der KHBV auferlegt. Die Erfüllung dieser Pflichten liegt in der Verantwortung des jeweiligen Krankenhausträgers. Betreibt ein Krankenhausträger mehrere Krankenhäuser, unterliegt er mit jedem Krankenhaus den Buchführungs- und Rechnungslegungspflichten nach der KHBV. Aufgrund der Rechtsvorschriften der KHBV haben beispielsweise auch rechtlich unselbständige Krankenhäuser die einem Krankenhausträger untergeordnet sind, eigenständige Krankenhausjahresabschlüsse aufzustellen. Unabhängig davon, dass die einzelnen Krankenhäuser Jahresabschlüsse erstellen, muss auch die Krankenhausträgergesellschaft nach

§ 264 Abs. 1 einen Jahresabschluss aufstellen, soweit es sich um eine Kapitalgesellschaft handelt und soweit die Größenkriterien nach § 267 HGB überschritten werden. Hinsichtlich des Paragraphen 264 Abs. 1 HGB ist anzumerken, dass dieser im Zuge des BilMoG erweitert wurde. Demnach haben kapitalmarktorientierte Kapitalgesellschaften, die nicht zur Aufstellung eines Konzernabschlusses verpflichtet sind, ihren Jahresabschluss um eine Kapitalflussrechnung und einen Eigenkapitalspiegel zu erweitern, die mit der Bilanz, der GuV und dem Anhang eine Einheit bilden. Die Definition einer kapitalmarktorientierten Kapitalgesellschaft findet man im durch das BilMoG neu formulierten § 264 d HGB. Der Jahresabschluss der eben angesprochenen Krankenhausträgergesellschaft kann in Anlehnung an die Konzernrechnungslegung im Wege der Konsolidierung zu einem Jahresabschluss der Kapitalgesellschaft zusammengefasst werden. (vgl. PricewaterhouseCoopers AG WPG 2006, S.14 – 15)

Rechtliche Umstrukturierungen, insbesondere durch Privatisierungsbestrebungen führten in den letzten Jahren zu weiteren Einzelfragen in der Rechnungslegung. Im Folgenden soll beispielhaft aufgezeigt werden, welche Konsequenzen sich für den Jahresabschluss ergeben, wenn ein unter der Rechtsform des Eigenbetriebes geführter Krankenhausbetrieb unter Zurückbehaltung des betriebsnotwendigen Vermögens auf eine neu gegründete GmbH ausgegliedert wird. Die Ausgliederung wird häufig unter Zurückbehaltung des betriebsnotwendigen Anlagevermögens, welches weiterhin Eigentum des Trägers bleibt, vorgenommen. Eine Stellungnahme des KHFA des IDW zu dieser Thematik lautet wie folgt: „ Wird vom Krankenhausträger eine Aufspaltung der wirtschaftlichen Einheit Krankenhaus durch rechtliche Ausgliederung einer Krankenhaus – Betriebsgesellschaft, die neben dem Krankenhaus – Besitzunternehmen besteht, vorgenommen, so ist für die Rechnungslegungs – und Buchführungspflichten nach der KHBV von einem Fortbestand der wirtschaftlichen Einheit Krankenhaus auszugehen, wenn das Krankenhaus – Besitzunternehmen weiterhin Fördermittel nach dem KHG erhält und insoweit ebenfalls als Krankenhaus anerkannt ist." (IDW 2004, S. 525) Nach der KHBV weist der Krankenhausabschluss demnach auch das betriebsnotwendige Anlagevermögen aus welches nach den Bestimmungen des Handelsgesetzbuches, bei Nichtvorliegen von wirtschaftlichem Eigentum, nicht bilanziert wird. Somit weicht der Umfang des bilanzierungspflichtigen Vermögens und der dazugehörigen Fördermittel des Krankenhausabschlusses von dem des reinen HGB Abschlusses ab. „ Soweit der Krankenhausträger neben dem Krankenhaus noch andere Einrichtungen unterhält, kann grundsätzlich nur die wirtschaftliche Einheit Krankenhaus in einer Buchführung und einem Jahresabschluss nach KHBV dargestellt werden. In den

Jahresabschluss nach KHBV dürfen nur untergeordnete Nebentätigkeiten eines Krankenhausträgers einbezogen werden. Die Aufstellung des Jahresabschlusses des Krankenhausträgers richtet sich unabhängig davon nach den einschlägigen rechtlichen Vorschriften." (IDW 2004, S. 525) Die KHBV gilt ausschließlich für Krankenhäuser. Dies hat zur Folge, dass eine Einbeziehung von übrigen Aktivitäten des Trägers nicht sachgerecht wäre. Beispielhaft zu nennen sind an dieser Stelle Trägerschaften von Altenheimen oder Rehabilitationseinrichtungen. In diesem Zusammenhang ist vor allem auf die Pflegebuchführung (PBV) zu verweisen nach der Pflegeeinrichtungen einen eigenen Jahresabschluss zu erstellen haben. Zu beachten ist jedoch § 9 PBV (Befreiungen). Das folgende Beispiel soll visualisieren, wie gemischte Tätigkeiten eines Krankenhauses in den jeweiligen Jahresabschlüssen dargestellt werden müssen. (vgl. Abbildung 3)

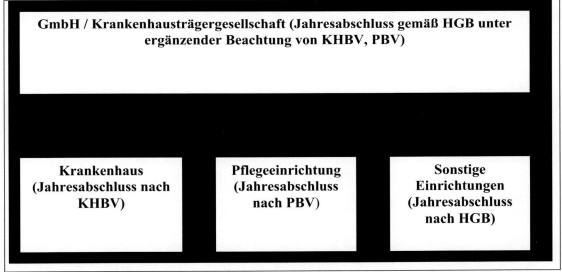

Abbildung 3: Gemischte Tätigkeiten eines Krankenhauses und ihre Abbildung im Jahresabschluss

(vgl. PricewaterhouseCoopers AG WPG 2006, S. 16)

Die GmbH ist Trägergesellschaft und erstellt einen Jahresabschluss in dem alle Tätigkeiten abgebildet sind. Das bedeutet, dass die GmbH einen Abschluss gemäß § 264 HGB zu erstellen hat und die KHBV sowie die PBV ergänzend zu beachten sind. Für die reine Krankenhaustätigkeit sowie für die Pflegeeinrichtung erstellt das Krankenhaus jeweils einen eigenen Abschluss. Hierbei sind jedoch Ausnahmeregelungen zu beachten. Bei gemischten Einrichtungen greifen diverse Erleichterungsvorschriften für die Aufstellung des Jahresabschlusses. „ Soweit jedoch rechtlich nicht selbstständige Einrichtungen oder Dienste des Krankenhauses (z.B. Wäscherei, Apotheke, Küche) ausschließlich Lieferungen und Leistungen an das Krankenhaus erbringen, sind sie diesem auch hinsichtlich Buchführung und Jahresabschluss zuzurechnen. Soweit auch andere Krankenhäuser desselben Krankenhausträgers mit Lieferungen und Leistungen versorgt werden, sollte der Krankenhausträger Beschluss darüber fassen, welchem Krankenhaus die Einrichtungen und Dienste für Bilanzierungszwecke zuzurechnen sind, falls nicht aus anderen Gründen eine direkte Zuordnung zwingend erforderlich ist (z.B. Konzession einer Krankenhausapotheke). Werden in erheblichem Umfang auch andere Einrichtungen eines Krankenhausträgers (z.B. Altenheime, Pflegeheime) oder Dritte versorgt (z.B. Vermietung von Wohnheimen nicht nur an Krankenhausmitarbeiter), so kann eine Zurechnung zum Krankenhausvermögen unterbleiben, wenn keine Förderung nach dem KHG erfolgt ist. " (IDW 2004, S. 525)
(vgl. PricewaterhouseCoopers AG WPG 2006, S.15 – 16)
Da Krankenhäuser in der Rechtsform einer Kapitalgesellschaft nach der KHBV zusätzliche Vorschriften zu beachten haben, soll die folgende Übersicht diese, in Abgrenzung zu Krankenhäusern sonstiger Rechtsformen, zusammenfassend aufzeigen.

Überblick	Krankenhäuser in der Rechtsform der Kapitalgesellschaften	Krankenhäuser in sonstigen Rechtsformen
Jahresabschluss	Gliederung nach KHBV oder HGB § 1 Abs. 3 KHBV	Gliederung nach KHBV (ggf. freiwillig oder laut Satzung wie Kapitalgesellschaft)
Bilanzierung und Bewertung	Gesamte HGB – Vorschriften für KapGes § 1 Abs. 1 Satz 2 KHBV	HGB – Vorschriften für Kaufleute und bestimmte HGB – Vorschriften, die für Kapitalgesellschaften gelten

		§ 4 Abs. 3 KHBV
Anhang	Komplett § 1 Abs. 1 Satz 2 KHBV	Verkürzt § 4 Abs. 3 KHBV
Lagebericht	Komplett § 1 Abs. 1 Satz 2 KHBV	Entfällt § 4 KHBV
Anlagennachweis	Erweitert § 1 Abs. 3 Satz 3 KHBV	Nur Sachanlagen Anlage 3 KHBV
Abschlussprüfung	Abhängig von der Einstufung nach Größenkriterien § 316 HGB	Je nach Landesrecht
Offenlegung	Verkürzte Gliederung für kleine und mittelgroße Kapitalgesellschaften möglich § 1 Abs. 4 KHBV	entfällt

Abbildung 4: Abgrenzung der Vorschriften für Kapitalgesellschaften gegenüber der KHBV
(vgl. PricewaterhouseCoopers AG WPG 2006, S. 18)

Für die Erstellung eines Krankenhausabschlusses nach HGB/KHBV sind vorrangig die folgenden Gesetze einschlägig. Rechtsformspezifische Besonderheiten sind weiterhin zu berücksichtigen.

Bereich	**Gesetz**
Erlösbereich	- Krankenhausentgeltgesetz (KHEntgG) - Für Nicht-DRG-Bereich Bundespflegesatzverordnung (BPflV) - Fallpauschalenvereinbarung 2005 (FPV 2009)
Anlagen/Fördermittelbereich	- Krankenhausfinanzierungsgesetz (KHG) - Landesgesetz zur Krankenhausfinanzierung - Abgrenzungsverordnung

Rechnungslegung	- Krankenhaus – Buchführungsverordnung (KHBV) - HGB / BilMoG - GmbHG - AktG - Uniklinikgesetz (auf Landesebene)

Abbildung 5: Einschlägige Gesetze für die Erstellung eines Krankenhausabschlusses nach deutschem Gesetz

(vgl. PricewaterhouseCoopers AG WPG 2006, S. 18)

Abschließend sei auf die Prüfungspflicht deutscher Krankenhäuser verwiesen. „Die Prüfungspflicht von Krankenhäusern ist in den jeweiligen Landeskrankenhausgesetzen geregelt. Die KHBV enthält keine Regelungen zur Prüfung von Krankenhäusern. Ob eine Prüfungspflicht besteht, muss je nach Rechtsform des einzelnen Krankenhauses sowie nach den Vorschriften des jeweiligen Landeskrankenhausgesetzes individuell untersucht werden." (PricewaterhouseCoopers AG WPG 2006, S.19)

3.1.2 Rechtliche Grundlagen – IFRS

„ Der Trend zur Internationalisierung wirtschaftlicher Aktivitäten hat einen Bedarf nach einer international vergleichbaren Rechnungslegung erzeugt. Dem wird Rechnung getragen durch die International Financial Reporting Standards (IFRS), die ausgehend von Europa weltweit als anerkanntes Rechnungslegungssystem Bedeutung erlangt haben. Auch wenn der Krankenhausmarkt in Deutschland zurzeit noch nahezu ausschließlich national geprägt ist , ist er bereits durch einen dramatischen Strukturwandel gekennzeichnet: Zusammenschlüsse von Krankenhäusern – ob im Wege der Fusion oder der Bildung einer gemeinsamen Holding – Gesellschaft für rechtlich eigenständige Krankenhausbetriebsgesellschaften – sind ebenso an der Tagesordnung wie eine deutliche Verschiebung der Trägerschaft weg von kommunalen und frei – gemeinnützigen Trägern zugunsten privater, erwerbswirtschaftlich orientierter Krankenhauskonzerne. Die börsenorientierten privaten Krankenhauskonzerne stellen ihren Konzernabschluss demgemäß bereits unter Anwendung von IFRS auf. " (Lorke / Müller 2008, S. 3) Die IFRS weisen im Gegensatz zu den deutschen Rechnungslegungsrichtlinien keine krankenhausspezifischen Vorschriften auf. Eine spezielle Verordnung wie die KHBV ist in diesem Rahmen nicht gegeben. Stellen Krankenhäuser ihre Einzelabschlüsse nach IFRS auf, was vor allem bei den privaten Krankenhauskonzernen zu beobachten ist, so müssen diese ebenfalls einen Abschluss nach HGB/KHBV aufstellen. Nach Artikel 11 Abs. 1 Nr. 1 Buchst. b RefE BilMoG sollte Paragraph 4 der KHBV um einen vierten Absatz ergänzt werden. Danach hätten Krankenhäuser einen befreienden IFRS Jahresabschluss im Sinne des § 264e HGB-E aufstellen können. Gemäß § 264e Satz 1 HGB-E hätte ein Wahlrecht für Kapitalgesellschaften bestanden, statt eines handelsrechtlichen Jahresabschlusses einen IFRS-Jahresabschluss aufzustellen. § 4 Abs. 4 KHBV-E sah vor, dass § 4 Abs. 1 und 3 sowie § 5 KHBV nicht anzuwenden sind, falls das Krankenhaus einen Jahresabschluss nach § 264e Satz 1 HGB-E aufstellt. Diese Regelung hätte dazu geführt, dass ein Krankenhaus, welches freiwillig einen IFRS-Jahresabschluss aufstellt, keinen originären KHBV-Jahresabschluss aufzustellen braucht. Diese Änderungen sind in den Gesetzesbeschluss des BilMoG vom 27.03.2009 nicht übernommen worden. Somit haben deutsche Krankenhäuser die ihre Bücher nach den internationalen Richtlinien führen nach wie vor einen Abschluss nach HGB/KHBV zu erstellen. Dies betrifft vor allem Schlagworte wie Ausschüttungsbemessung und Kapitalerhaltung. Für die Bemessung der Gewinnausschüttungen ist nach wie vor, auch nach Verabschiedung des BilMoG, der HGB-Abschluss maßgebend. „Denn Erträge, die aus der Aktivierung selbstgeschaffener Vermögensgegenstände des Anlagevermögens und aktiver latenter Steuern sowie bei den Banken aus der Zeitwertbilanzierung von zu Handelszwecken erworbenen Finanzinstrumenten resultieren, werden mit einer Ausschüttungssperre belegt. Das Realisationsprinzip bleibt somit tragender Periodisierungsgrundsatz." (Spengel 2009, S. 68) Obwohl das BilMoG eine umfängliche Annäherung an die IFRS impliziert, stellt die Rechnungslegung nach IFRS, und somit die zusätzliche Aufstellung eines Jahresabschlusses nach HGB/KHBV, erhöhte Anforderungen an die Rechnungslegung deutscher Krankenhausunternehmen.

Die folgenden Ausführungen geben einen ***Überblick über die Grundstruktur der IFRS hinsichtlich des Aufbaus und der Zielsetzung, der Ansatz – und Bewertungsmaßstäbe und der Gliederungsvorschriften***. Hierbei handelt es sich ausschließlich um Grundlagen, die dem Leser den Charakter der IFRS, in Abgrenzung zu den Vorschriften des HGB / KHBV, näher bringen sollen. Postenspezifische Ansatz – und Bewertungsmethoden werden im Rahmen der Betrachtung der einschlägigen Bilanz – und GuV – Positionen näher erläutert. (vgl. 3.2 – 3.5)

Die International Financial Reporting Standards (IFRS) werden vom International Accounting Standards Committee (IASC) entwickelt. Vorläuferversion der IFRS sind die International Accounting Standards (IAS). Das IASC ist eine privatrechtliche Organisation und hat seinen Sitz in London. 1973 wurde das IASC von neun Berufsverbänden aus dem Bereich Prüfung– und Rechnungslegung verschiedener Länder, unter anderem auch Deutschland, gegründet. Die Entwicklung eines einzelnen Standards wird im Rahmen eines formalisierten Verfahrens dem sogenannten „Due Process" vorgenommen. Hierbei wird zusätzlich die interessierte Öffentlichkeit mit eingebunden. Der „Due Process" soll zur weltweiten Akzeptanz der entwickelten Standards und Interpretationen beitragen, ist jedoch bis zum heutigen Tage nicht abgeschlossen. Seit 2001 ist die Arbeit des IASC auf das International Accounting Standard Board (IASB) verlagert und deutlich ausgeweitet worden. Diese Ausweitung äußerte sich in der Veröffentlichung einer großen Anzahl grundlegend geänderter oder neuer Standards im Rahmen des sogenannten „Improvement Projects". Das Improvement Project beinhaltete die Überarbeitung von dreizehn Standards und wurde am 18.12.2003 abgeschlossen. Das Projekt sollte Wahlrechte in den Standards abbauen. (vgl. Pellens / Fülbier / Gassen 2006, S.79)

Im Bereich der Europäischen Union wird die Übernahme der privatrechtlich entwickelten Standards in zwingendes Recht durch das sogenannte Komitologie – Verfahren gewährleistet. Dieses erfolgt in zwei Schritten:

- Übernahmeempfehlung durch die European Financial Advisory Group (EFRAG)
- Billigung der Übernahme durch das Accounting Regulatory Commitee (ARC) der EU-Kommisssion.

Wenn das ARC einer Übernahme eines entwickelten Standards zustimmt, kann dieser nur noch durch ein Veto mit qualifizierter Mehrheit vom Rat der europäischen Gemeinschaft abgelehnt werden. Das Europäische Parlament wird in diesen Prozess nicht mit eingebunden. Die übernommenen IFRS sind dann unmittelbar geltendes Recht in den Mitgliedsstaaten. Alle bislang entwickelten Standards und Interpretationen wurden bis zum heutigen Tage uneingeschränkt übernommen. Zwischen den IFRS und den in der EU anzuwendenden IFRS – Regelungen ergeben sich faktisch keine wesentlichen Unterschiede. Der einzige Unterschied liegt in einer zeitlichen Verzögerung im Übernahmeprozess. Lüdenbach / Hoffmann (2006) bezweifeln jedoch, ob dieses Verfahren, welches praktisch die Entwicklung gesetzlicher Normen für den Konzernabschluss bedeutet, auch den Grundsätzen der Rechtsstaatlichkeit genügen würde, wenn es auf den Einzelabschluss und damit auf die Bemessung von Steuerlasten und Ausschüttungen übertragen werden würde (vgl. ebd., S.42).

Die als Vorläufer zu den IFRS entwickelten IAS – Standards behalten zunächst ihre Gültigkeit, solange sie nicht durch einen neuen IFRS – Standard abgelöst werden. Ähnliches gilt für die Interpretationen des IASC von internationalen Standards, die früher als SIC bezeichnet wurden und jetzt als IFRIC veröffentlicht werden.
(vgl. Lorke / Müller 2008, S. 5 – 6)

Die folgenden Ausführungen betreffen den *Aufbau und die Zielsetzung der IFRS –* Rechnungslegungssystems. Der Aufbau des vom IASB entwickelten Regelwerks ist dreistufig:
- Stufe 1: Einzelstandards (IFRS/IAS)
- Stufe 2: Interpretationen des IFRIC zu den IFRS/IAS
- Stufe 3: Framework.

Die drei Stufen bilden gleichzeitig eine Rangfolge. Somit haben die IFRS/IAS sowie die Interpretations als speziellere Regelungen eindeutig Vorrang gegenüber dem Framework. Im Framework werden allgemeine Ziele und Anforderungen an die Rechnungslegung beschrieben sowie Elemente der Rechnungslegung definiert. Die Zielsetzung des Jahresabschlusses liegt danach in der Befriedigung von Informationsbedürfnissen der Öffentlichkeit durch entscheidungsnützliche Informationen zur Finanz – und Ertragslage des jeweiligen Unternehmens. Der Jahresabschluss nach IFRS umfasst neben der Bilanz, GuV und der Kapitalflussrechnung den Anhang und eine Eigenkapitalveränderungsrechnung, bei börsenorientierten Unternehmen zusätzlich einen Segmentbericht und eine Ergebnis – pro – Aktie – Darstellung. (vgl. Lorke / Müller 2008, S. 7)

Zu den Underlying Assumptions (grundlegenden Annahmen) der IFRS gehören zwei wichtige Rechnungslegungsprinzipien, die im Framework und in IAS 1 (Presentation of Financial Statements – Darstellung des Abschlusses) geregelt sind:
- *Going Concern Principle:* Das Unternehmensfortführungsprinzip
- *Accrual Basis:* Die Periodenabgrenzung. (vgl. Buchholz 2007, S. 35)

Diese beiden Grundsätze beruhen auf dem Gedanken, dass die durch den Jahresabschluss nach IFRS vermittelten entscheidungsrelevanten Informationen ermöglichen sollen, ein Unternehmen im Hinblick auf seine Fähigkeit, Cash zu generieren, zu beurteilen. Dies ist ein wesentlicher Unterschied zum HGB, dessen wesentlichen Grundgedanken das Vorsichtsprinzip im Sinne des Gläubigerschutzes bildet. Auch das BilMoG impliziert keine wesentlichen Änderungen dieser Grundlage. Nach IFRS ist eine Bewertung von Vermögenswerten über die historischen Anschaffungskosten hinaus möglich. Nach HGB ist eine solche Bewertung im Wesentlichen unzulässig. Die folgende Abbildung soll den Zweck, die Basisannahmen und die Anforderungen der Rechnungslegung nach IFRS zusammenfassend visualisieren.

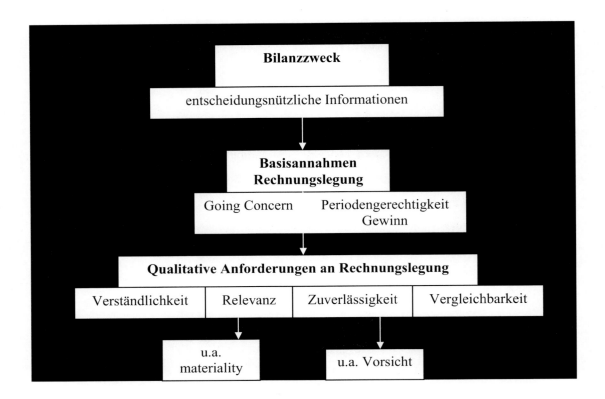

Abbildung 6: Framework: Zweck, Basisannahmen und Anforderungen der Rechnungslegung nach IFRS
(vgl. Lüdenbach / Hoffmann 2006, S. 49)

Viele der aufgeführten IFRS – Prinzipien stimmen mit den handelsrechtlichen Grundsätzen überein. Abweichungen zwischen den Systemen ergeben sich in Einzelfällen. Hier sind beispielsweise die Periodenabgrenzung und das Leasing zu nennen. Weiterhin werden bei den IFRS und im HGB nicht immer dieselben Prinzipien definiert. Nach IFRS werden beispielsweise die Grundsätze der Bilanzidentität und der Einzelbewertung nicht allgemein im Framework oder im IAS 1 festgelegt. Nach dem Handelsgesetzbuch werden die Grundsätze der Willkürfreiheit, der glaubwürdigen Darstellung und der Wesentlichkeit nicht separat geregelt. Diese Grundsätze sind mit der Zeit entwickelt worden und zählen zu den nicht kodifizierten GoB. (vgl. Buchholz 2007, S. 50) Auch der Stellenwert der Prinzipien weicht voneinander ab. (vgl. Wagenhofer 2005, S. 124 – 125) „ Das gilt insbesondere für das

Vorsichtsprinzip. Handelsrechtlich ist dieser Grundsatz von vorrangiger Bedeutung. Bei IFRS rückt das Prinzip als Teil der Reliability quasi in die zweite Reihe zurück und befindet sich auf einer niedrigeren Stufe. Der Grundsatz der periodengerechten Erfolgsermittlung ist bei IFRS wichtiger, so dass er in IAS 1 verbindlich festgelegt wurde. Die unterschiedliche Prinzipiengewichtung steht in Verbindung mit dem Rechnungslegungszweck: Das Handelsrecht wendet sich an vorsichtige Gläubiger, die IFRS – Vorschriften an mutigere Anleger." (Buchholz 2007, S. 50) Aus den genannten Unterschieden zwischen HGB und IFRS ergibt sich, dass eine bewusste Unterbewertung von Aktiva oder Erträgen nach den IFRS nicht erlaubt ist, weil hierdurch keine neutrale und zuverlässige entscheidungsrelevante Information vermittelt würde. Grundsätzlich sollten demnach in einem IFRS Jahresabschluss keine stillen Reserven bzw. stille Lasten existieren. Wahlrechte nach den IFRS hinsichtlich Ansatz und Bewertung sind im Vergleich zum HGB sehr gering. Andererseits gibt es nur geringe Vorgaben zur Gliederung und Darstellung des Jahresabschlusses.
(vgl. Lorke / Müller 2008, S. 8)

Ansatz – und Bewertungsmaßstäbe von Vermögenswerten und Schulden sowie die Erfassung von Erträgen und Aufwendungen nach IFRS sollen nachstehend kompakt vorgestellt werden. Der bilanzielle *Ansatz* von Vermögenswerten ist im Framework geregelt. Demnach wird ein Vermögenswert in der Bilanz angesetzt, „ wenn es wahrscheinlich ist, dass der künftige wirtschaftliche Nutzen dem Unternehmen zufließen wird, und wenn seine Anschaffungs – oder Herstellungskosten oder ein anderer Wert verlässlich bewertet werden können." (Framework, Paragraph 89) Andererseits wird ein Vermögenswert nicht in der Bilanz angesetzt, wenn Ausgaben getätigt wurden, bei denen es unwahrscheinlich ist, dass dem Unternehmen über die aktuelle Berichtsperiode hinaus wirtschaftlicher Nutzen zufließen wird. Stattdessen wird ein solcher Geschäftsvorfall in der GuV als Aufwand erfasst. (vgl. Framework, Paragraph 90) „ Die Definition eines Vermögenswerts unterscheidet sich nach HGB und IFRS nur theoretisch, faktisch ergeben sich keine nennenswerten Unterschiede."
(Lorke / Müller 2008, S. 8)

„ Eine Schuld ist eine gegenwärtige Verpflichtung des Unternehmens, die aus Ereignissen der Vergangenheit entsteht und deren Erfüllung für das Unternehmen erwartungsgemäß mit einem Abfluss von Ressourcen mit wirtschaftlichem Nutzen verbunden ist." (Framework, Paragraph 49b) Hinsichtlich der Definition der Schulden bestehen, im Gegensatz zur Definition der Vermögenswerte, materielle Unterschiede zwischen HGB und IFRS. „ Die Anforderungen an das Kriterium ‚voraussichtlicher Ressourcenabfluss', d.h. die Wahrscheinlichkeit und der Umfang des Eintritts des Schulden begründenden Sachverhalts, sind insgesamt höher als nach HGB." (Lorke / Müller 2008, S. 9) Eine Schuld wird nach IFRS in der Bilanz angesetzt, wenn es wahrscheinlich ist, dass sich aus der Erfüllung einer gegenwärtigen Verpflichtung ein direkter Abfluss von Ressourcen ergibt, die wirtschaftlichen Nutzen enthalten, und dass der Erfüllungsbetrag verlässlich bewertet werden kann. (vgl. Framework, Paragraph 91)

„Erträge werden in der Gewinn – und Verlustrechnung erfasst, wenn es zu einer Zunahme des künftigen wirtschaftlichen Nutzens in Verbindung mit einer Zunahme bei einem Vermögenswert oder einer Abnahme bei einer Schuld gekommen ist, die verlässlich bewertet werden kann. Dies bedeutet letztlich, dass mit der Erfassung von Erträgen gleichzeitig die Erfassung einer Zunahme bei den Vermögenswerten oder einer Abnahme bei den Schulden verbunden ist." (Framework, Paragraph 92)

„Aufwendungen werden in der Gewinn - und Verlustrechnung erfasst, wenn es zu einer Abnahme des künftigen wirtschaftlichen Nutzens in Verbindung mit einer Abnahme bei einem Vermögenswert oder einer Zunahme bei einer Schuld gekommen ist, die verlässlich bewertet werden kann. Dies bedeutet letztlich, dass die Erfassung von Aufwendungen mit der gleichzeitigen Erfassung einer Zunahme bei den Schulden oder einer Abnahme bei den Vermögenswerten verbunden ist." (Framework, Paragraph 94)

Nach Framework Paragraph 99, wird die **Bewertung** als ein Verfahren zur Bestimmung der Geldbeträge bezeichnet, mit denen die Abschlussposten zu erfassen und in der Bilanz und GuV anzusetzen sind. Die wichtigsten Bewertungsmaßstäbe für Vermögenswerte und Schulden sind im Framework Paragraph 100 aufgelistet sowie definiert und lauten wie folgt:

- Historische Anschaffungs- oder Herstellungskosten

- Tageswert

- Veräußerungswert (Erfüllungsbetrag)

- Barwert

Die Anwendung dieser Bewertungsmaßstäbe und ergänzender Regelungen ergibt sich im Einzelnen aus den Standards. Beispielhaft sei hier der beizulegende Zeitwert bzw. Stichtagswert genannt (z.B. IAS 16 für das Sachanlagevermögen oder IAS 39 für Finanzinstrumente).

(vgl. Lorke / Müller 2008, S. 9)

Die **Gliederungsvorschriften nach IFRS** sind im IAS 1 kodifiziert. Im Gegensatz zu den Gliederungsvorschriften des HGB bzw. der KHBV hat ein Unternehmen nach IAS 1.51 die Gliederung der Bilanz in kurzfristige und langfristige Vermögenswerte bzw. Schulden vorzunehmen. Wenn eine Darstellung nach der Liquidität zuverlässig und relevanter ist, sind danach alle Vermögenswerte und Schulden grob nach ihrer Liquidität anzuordnen. Grundsätzlich bildet jedoch die Fristigkeit das Hauptgliederungsprinzip der Bilanz nach IFRS. Als Grundregel für Kurzfristigkeit gilt die 12 – Monatsfrist nach dem Bilanzstichtag bzw. die Realisation innerhalb des normalen Jahresgeschäftszyklus. Alle anderen Bilanzpositionen sind danach als langfristig einzustufen. Eine nach Fristigkeit gegliederte Bilanz nach IAS 1.68 i.V.m IAS 1.51 ist der folgenden Abbildung zu entnehmen. (vgl. Abbildung 7) Hierbei ist zu beachten, dass es sich ausschließlich um eine Mindestgliederung handelt.

AKTIVA	PASSIVA
Langfristiges Vermögen	**Eigenkapital**
Immaterielle Anlagen Sachanlagen *Investment properties* *At-equity-Beteiligungen* Übrige Finanzanlagen Latente Steuern	Eingezahltes Kapital und Rücklagen Minderheitsanteile **Langfristige Schulden** Langfristige finanzielle Verbindlichkeiten Langfristige Rückstellungen Latente Steuern
Kurzfristiges Vermögen	
Vorräte Forderungen Übrige finanzielle Vermögenswerte Sonstige nichtfinanzielle Vermögenswerte Zahlungsmittel	**Kurzfristige Schulden** Verbindl. aus Lieferungen und Leistungen und sonstige kurzfristige Rückstellungen Übrige kurzfristige finanzielle Verbindlichkeiten Steuerverbindlichkeiten

Abbildung 7: Mindestbestandteile einer nach Fristigkeit gegliederten Bilanz nach IFRS
(Lorke / Müller 2008, S. 10 ; Ableitung aus: Lüdenbach / Hoffmann 2007, S. 99)

Nach IAS 1.69 sind zusätzliche Posten, Überschriften und Zwischensummen in der Bilanz darzustellen, wenn eine solche Darstellung für das Verständnis der Finanzlage des Unternehmens relevant ist. „ Notwendige Aufgliederungen, die wahlweise in der Bilanz oder im Anhang vorzunehmen sind (IAS 1.74 ff.), werden in der Praxis tendenziell im Anhang vorgenommen." (Lorke / Müller 2008, S. 10) Weitere in der Bilanz aufgeführte Posten die keine krankenhausspezifische Besonderheit aufweisen, werden im Rahmen dieses Buches nicht behandelt.

Die Gliederung und Darstellung der Gewinn – und Verlustrechnung nach IFRS ist im IAS 1.78 ff. geregelt. Diesbezüglich gibt es im Regelwerk der IFRS nur wenige Vorgaben. Die folgende Abbildung zeigt eine denkbare Minimalgliederung.

```
  Erlöse (revenues)
- Aufwendungen
= operatives Ergebnis
+/- Ergebnis aus equity-Beteiligungen
+ (übrige) Finanzerträge (financial revenues)
- (übrige) Finanzaufwendungen (financial costs)
= Ergebnis vor Steuern
- Steuern
= Jahresüberschuss
- davon Minderheitsgesellschaftern zuzurechnen
= den Eigenkapitalgebern der Muttergesellschaft zuzurechnender Gewinn
```

Abbildung 8: Minimalgliederung der Gewinn – und Verlustrechnung nach IFRS
(Lüdenbach / Hoffmann 2007, S. 108)

„Im Rahmen der Gewinn – und Verlustrechnung sind grundsätzlich alle Vorgänge und Ereignisse aus der Unternehmenstätigkeit zu erfassen, unabhängig davon, ob sie unmittelbar oder nur mittelbar durch die gewöhnliche Geschäftstätigkeit veranlasst wurden." (Penter / Kohler 2005, S. 107) Eine Anlehnung an die Gliederung nach § 275 HGB bzw. nach Anlage 2 KHBV ist danach zulässig, da auch hier eine Aufteilung der Erträge und Aufwendungen in den betrieblichen Bereich, den Finanzbereich und den Ertragsteuerbereich erfolgt. (Lorke / Müller 2008, S. 11) IAS 1.85 schränkt eine Übernahme der Gliederung der GuV nach HGB /

KHBV jedoch insofern ein, als dass weder in der GuV noch im Anhang Ertrags – oder Aufwandsposten als außerordentliche Posten erfasst werden dürfen. Diese Einschränkung bezieht sich vor Allem auf GuV – Posten, die nach der KHBV Ausfluss der Investitionskostenfinanzierung von Krankenhäusern sind. (vgl. 3.2)

Einen wichtigen Umfang – stärker ausgeprägt als im HGB oder gar der KHBV – nimmt in der Rechnungslegung nach IFRS die verbale Erläuterung des in Bilanz, Gewinn – und Verlustrechnung sowie Kapitalflussrechnung und Eigenkapitalveränderungsrechnung niedergelegten Zahlenwerks ein. Die IFRS sehen gemäß IAS 1.8 die Ergänzung der genannten 4 Bestandteile des Jahresabschlusses um einen fünften verbalen Teil, **den Anhang**, vor. (vgl. Lorke / Müller 2008, S. 11) IAS 1 regelt Art und Umfang des Anhangs. In IAS 1.105 findet sich eine Gliederungsvorgabe für den Anhang. Er trennt im Wesentlichen zwischen

- **allgemeinen Angaben**, darunter
    - eine Angabe der Übereinstimmung mit IFRS
    - eine Zusammenfassung der wichtigsten Bilanzierungsmethoden

- **Postenerläuterungen** in der Reihenfolge der Rechenwerke und der Posten innerhalb dieser Rechenwerke und

- **sonstigen Angaben**, u.a.
    - zu Eventualschulden und sonstigen finanziellen Verpflichtungen
    - zum Risikomanagement der Gesellschaft.

(vgl. Lüdenbach / Hoffmann 2007, S. 212 – 213)

Generell werden die Anhangsangaben in IAS 1.103 – 1.126 geregelt. „Die konkreten Anforderungen ergeben sich hingegen zum größten Teil aus den anderen Standards." (Lüdenbach / Hoffmann 2007, S. 209) Auf eine detaillierte Beschreibung soll an dieser Stelle verzichtet werden.

Zusammengefasst formuliert, soll der Anhang nach IFRS die anderen Abschlussbestandteile erläutern, entlasten und ergänzen. Er soll insbesondere Antwort auf folgende Fragen geben:

- Wie sind die Zahlen die Zahlen der Rechenwerke (Bilanz, GuV, usw.) zustande gekommen?
- Was enthalten die Zahlen in den Rechenwerken?
- Was enthalten die Zahlen der Rechenwerke demgegenüber (noch) nicht?

Dennoch kann eine falsche, nicht den Einzelregeln der Standards folgende Bilanzierung nicht durch korrigierende Anhangsangaben geheilt werden. Der Anhang ist wegen der Fülle der dem Grunde nach vorgeschriebenen Angaben ein besonders wichtiges Anwendungsobjekt des materiality – Gedankens. Eine vorrangig quantitative Definition, wie sie bei Bilanz- und GuV- Positionen Sinn machen kann, ist dabei weniger angezeigt als ein qualitatives Verständnis, das auf die Art des Sachverhalts abstellt. (vgl. Lüdenbach / Hoffmann 2007, S. 211 – 212).

3.2 Krankenhausspezifische Bilanzpositionen nach HGB / KHBV und IFRS

Nachfolgend werden die krankenhausspezifischen Bilanzpositionen der Aktiv – und Passivseite nach HGB/KHBV und IFRS näher vorgestellt. Bilanzpositionen, die keine krankenhausspezifische Besonderheit aufweisen werden in diesem Zuge außer Acht gelassen. Bezüglich einer Übersicht über die Gliederung der Bilanz und GuV nach HGB/KHBV und IFRS sei auf den Anhang sowie auf Gliederungspunkt 3.1.2 verwiesen. Eine Abhandlung ausgewählter, krankenhausspezifischer Bilanzpositionen und Jahresabschlussbestandteile soll die genannten Rechnungslegungssysteme einerseits gegenüberstellen und Unterschiede herausarbeiten.

3.2.1 Bilanzierung von Fördermitteln

Fördermittel repräsentieren in der Krankenhausbranche einen erheblichen Anteil am bilanziellen Erfolg oder Verlust der jeweiligen Institution. Stichwort ist hierbei die „Duale Finanzierung" des deutschen Krankenhaussektors (vgl. 2.4) Auf Grund dieser Tatsache und spezifischer nationaler sowie internationaler Rechnungslegungsvorschriften stellt die Bilanzierung von Fördermitteln eine krankenhausspezifische Besonderheit dar. Im Folgenden soll die Bilanzierung von Fördermitteln nach HGB / KHBV und IFRS gegenübergestellt werden. (vgl. 3.2.1.1 – 3.2.2.2)

3.2.1.1 Bilanzierung von Fördermitteln nach HGB /KHBV

Deutsche Krankenhäuser finanzieren sich nach dem System der *„dualen Finanzierung"*. Dieses trennt zwischen dem *Investitionsbereich*, der grundsätzlich durch öffentliche Fördermittel finanziert wird, und dem *Benutzerbereich*, dessen Finanzierung durch die Benutzer bzw. die Krankenkassen und Krankenversicherungen erfolgt. (vgl. 2.4) Die folgenden Ausführungen beschreiben die Darstellung des *Investitionsbereichs* in der Bilanz und GuV nach HGB / KHBV. Diese erfolgt stets erfolgsneutral und wird durch nachfolgend aufgeführte Posten charakterisiert (vgl. Abbildungen 9 u. 10):

Bilanz

Aktivseite:
- Forderungen nach dem Krankenhausfinanzierungsrecht (KGr. 15), davon nach dem KHEntgG / der BPflV (KUGr. 151)
- Ausgleichsposten aus Darlehensförderung (KUGr 180)
- Ausgleichsposten für Eigenmittelförderung (KUGr. 181)

Passivseite:
- Sonderposten aus Zuwendungen zur Finanzierung des Sachanlagevermögens (KGr. 21,22,23)
- Verbindlichkeiten nach dem Krankenhausfinanzierungsrecht (KGr. 35), davon nach dem KHEntG/ der BPflV (KUGr. 351)
- Verbindlichkeiten aus sonstigen Zuwendungen zur Finanzierung des Anlagevermögens (KUGr. 371)
- Ausgleichsposten aus Darlehensförderung (KGr. 24)

Abbildung 9: Abbildung des Investitionsbereichs in der Bilanz nach HGB / KHBV
(vgl. PricewaterhouseCoopers AG WPG 2006, S. 71)

Gewinn- und Verlustrechnung

Erträge:
- Zuweisungen und Zuschüsse der öffentlichen Hand, soweit nicht unter Nr. 11 (KUGr. 472)
- Erträge aus Zuwendungen zur Finanzierung von Investitionen (KGr. 46, KUGr. 470, 471), davon Fördermittel nach dem KHG (KGr. 46)
- Erträge aus der Einstellung von Ausgleichsposten aus Darlehensförderung und für Eigenmittelförderung (KGr. 48)
- Erträge aus der Auflösung von Sonderposten/ Verbindlichkeiten nach dem KHG und auf Grund sonstiger Zuwendungen zur Finanzierung des Anlagevermögens (KUGr. 490 – 491)
- Erträge aus der Auflösung des Ausgleichspostens für Darlehensförderung (KUGr. 492)

Aufwendungen:
- Aufwendungen aus der Zuführung zu Sonderposten/ Verbindlichkeiten nach dem KHG und auf Grund sonstiger Zuwendungen zur Finanzierung des Anlagevermögens (KUGr. 752, 754, 755)
- Aufwendungen aus der Zuführung zu Ausgleichsposten aus Darlehensförderung (KUGr. 753)
- Aufwendungen für die nach dem KHG geförderte Nutzung von Anlagegenständen (KGr. 77)
- Aufwendungen für nach dem KHG geförderte, nicht aktivierungsfähige Maßnahmen (KUGr. 721)
- Aufwendungen aus der Auflösung der Ausgleichsposten aus Darlehensförderung und für Eigenmittelförderung (KUGr. 750, 751)

Abbildung 10: Abbildung des Investitionsbereichs in der GuV nach HGB / KHBV
(vgl. PricewaterhouseCoopers AG WPG 2006, S. 71)

3.2.1.1.1 Forderungen / Verbindlichkeiten nach dem Krankenhausfinanzierungsrecht

Unter den Forderungen nach Krankenhausfinanzierungsrecht sind neben den Forderungen nach KHEntgG / BPflV, die den Benutzerbereich betreffen, alle bewilligten Fördermittel des jeweiligen (Plan-)krankenhauses auszuweisen, die zum Bilanzstichtag noch nicht ausgezahlt sind. Die Grundlage jeder Zugangsbuchung von Forderungen nach dem Krankenhausfinanzierungsrecht ist der Bescheid über die Bewilligung von Fördermitteln. „Rechtskräftig ergangene Bewilligungsbescheide begründen eine Forderung gegenüber der jeweiligen Behörde, welche unmittelbar zum Zeitpunkt des Bewilligungsbescheides als Forderung nach dem Krankenhausfinanzierungsrecht in der Bilanz zu erfassen ist." (Lorke / Müller 2008, S. 99) Bei Einzelförderung nach § 9 Abs. 1 KHG ist gegebenenfalls zu prüfen, ob zum Bilanzstichtag nach den maßgeblichen Bewilligungsbedingungen eine Forderung in Höhe der nach dem Grundlagenbescheid zu fördernden Gesamtinvestitionssumme oder nur in Höhe der Einzelbewilligung für einen konkreten Bauabschnitt (z.B. Krankenhausbau) entstanden ist. (vgl. PricewaterhouseCoopers AG WPG 2006, S. 71)

Buchungssätze

1. Fördermittelbewilligung

- per *„Forderungen nach dem Krankenhausfinanzierungsrecht (KGr. 15)"*

    an

    „Erträge aus Fördermitteln nach dem KHG"

- per *„Aufwendungen aus der Zuführung der Fördermittel nach dem KHG zu Sonderposten oder Verbindlichkeiten (KUGr. 752, 754)"*

    an

    „Verbindlichkeiten nach dem Krankenhausfinanzierungsrecht (KGr. 35)"

    oder

    „Sonderposten aus Fördermitteln nach dem KHG (KGr. 22)"

2. Geldeingang – Auszahlung der Fördermittel

per *„Bank (KGr. 13)"*

an

„Forderungen nach dem Krankenhausfinanzierungsrecht (KGr. 15)"

Wie den Buchungssätzen unter (1. Fördermittelbewilligung) zu entnehmen ist, sieht die KHBV vor, dass die Einbuchung der Forderung nach KHG über die Gewinn- und Verlustrechnung erfolgswirksam zu tätigen ist. Eine Erfolgsneutralität wird durch die parallele Passivierung einer Verbindlichkeit nach KHG oder ggf. eines Sonderpostens in gleicher Höhe der Forderung hergestellt. „ In der Praxis erfolgt zunächst grundsätzlich eine Zuführung zu den Verbindlichkeiten, aus denen dann bei Verwendung der Mittel für Anlageinvestitionen eine Umbuchung in die Sonderposten (KGr. 22) vorgenommen wird." (PricewaterhouseCoopers AG WPG 2006, S. 72) Diese Buchung erfolgt ebenfalls erfolgswirksam (Aufwandsposten: Zuführungen der Fördermittel nach dem KHG zu Sonderposten oder Verbindlichkeiten (KUGr. 752, 754). Die Bilanzierung der Verbindlichkeit in Höhe der analog eingebuchten Forderung steht für die Verpflichtung des Krankenhauses, die bewilligte Maßnahme auch tatsächlich durchzuführen. Wird die bewilligte Maßnahme nicht oder zweckwidrig durchgeführt besteht für das Land ein Rückforderungsanspruch, den die Verbindlichkeit abbildet. (vgl. Lorke / Müller 2008, S. 100)

Bei einer Auszahlung der Fördermittel, die grundsätzlich zeitnah entsprechend des Baufortschritts erfolgt um anfallende Rechnungen im Zusammenhang mit dem bewilligten Projekt zu begleichen, sind die Forderungen nach KHG entsprechend des ausgezahlten Betrags zu mindern. (vgl. Buchungssatz unter 2. „Geldeingang – Auszahlung der Fördermittel")

3.2.1.1.2 Sonderposten aus Zuwendungen zur Finanzierung des Sachanlagevermögens *(KGr. 21,22,23)*

Nach der KHBV werden Sachanlagen ausnahmslos mit ihren vollen Anschaffungs- / Herstellungskosten bewertet. Eine Minderung der Anschaffungs- / Herstellungskosten um investive Zuwendungen ist nach der KHBV nicht gestattet (sog. Nettobilanzierung). „ Der Einblick in die Vermögenslage der Gesellschaft wäre bei erheblichen Zuwendungen beeinträchtigt, wenn die Zuwendungen hiervon abweichend – entsprechend dem handels – und steuerrechtlichen Wahlrecht – von den Anschaffungs / Herstellungskosten abgesetzt würden." (IDW 2004, S. 526) In Höhe der geförderten Anschaffungs - / Herstellungskosten wird ein Passivposten „Sonderposten aus Zuwendungen zur Finanzierung des Sachanlagevermögens (KGr. 21,22,23)" gebildet. Ergeben sich zum Stichtag im Zusammenhang mit dem Anschaffungs - / Herstellungsprozess beispielsweise „Anlagen im

Bau (KGr. 08)", dann sind diese in voller Höhe zu aktivieren und der Sonderposten ist gemäß der Förderquote, die in der Praxis oft unter einhundert Prozent liegt, anteilig zu bilden. Die Verbindlichkeiten nach KHG sind in diesem Zuge über den Sonderposten aufzulösen. (vgl. Buchungssätze unter 3. „Verwendung der Fördermittel") „Die Passivierung von Sonderposten ist nur insoweit zulässig, als eine Mittelbewilligung vorliegt. Werden Investitionen bereits in Erwartung von Mittelbewilligungen getätigt, so sind sie zunächst aus Eigenkapital bzw. Fremdkapital zu finanzieren. Erst nach Vorlage der Bewilligung erfolgt eine Umfinanzierung zu Lasten der bewilligten Fördermittel bzw. anderen Zuwendungen." (PricewaterhouseCoopers AG WPG 2006, S.75)

(vgl. Penter / Kohler 2005, S. 46 – 47)

Buchungssätze

3. Verwendung der Fördermittel

- per *„geleistete Anzahlungen und Anlagen im Bau (KGr. 08)"*

an

„Bank (KGr. 13)"

- per *„Verbindlichkeiten nach dem Krankenhausfinanzierungsrecht (KGr. 35)"*

an

„Sonderposten aus Fördermitteln nach dem KHG (KGr. 22)"

4. Werteverzehr nach Fertigstellung

- per *„Abschreibung (KGr. 76)"*

an

„z.B. Betriebsbauten (KGr. 11)"

- per *„Sonderposten aus Fördemitteln nach dem KHG (KGr. 22)"*

an

„Erträge aus der Auflösung von Sonderposten nach dem KHG (KGr. 490)

Im Zuge der Bilanzierung von Fördermitteln nach HGB / KHBV bildet die Bruttobilanzierung, d.h. die Bildung eines Passivpostens z.B. als „Sonderposten aus

Fördermitteln nach KHG (KGr. 22)", die vorrangige Ausweismethode von geförderten Vermögensgegenständen. Eine Nettobilanzierung, d.h. die offene Absetzung der Fördermittel von den Anschaffungs- / Herstellungskosten der bewilligten Fördermittel, ist nach Auffassung des IDW Krankenhausfachausschusses nicht gestattet, da wegen der materiellen Bedeutung der finanzierten Vermögensgegenstände der Einblick in die Vermögenslage des jeweiligen Krankenhauses beeinträchtigt wäre. (vgl. IDW 2004, S. 526) Somit weist die Bilanz eines Krankenhausunternehmens nach HGB / KHBV generell, auf der Passivseite zwischen Eigenkapital und Rückstellungen einen Posten, „Sonderposten aus Zuwendungen zur Finanzierung des Sachanlagevermögens (KGr. 22,23)", aus. Dieser Posten unterteilt sich in den „ Sonderposten aus Fördermitteln nach dem KHG (KGr. 22)", den „ Sonderposten aus Zuweisungen und Zuschüssen der öffentlichen Hand (KGr. 23)" und den „Sonderposten aus Zuwendungen Dritter (KGr. 21)". Der Sonderposten bildet bei einem Bruttoausweis den Gegenposten der Anschaffungs- / Herstellungskosten, von mit Zuwendungen finanzierten Anlagegütern. Der Sonderposten soll die Fördermittel so periodisieren, dass die Abschreibungen des geförderten Anlagevermögens über die Nutzungsdauern der geförderten Vermögensgegenstände in dem geförderten Umfang neutralisiert werden. Der Sonderposten wird somit in identischer Höhe der Abschreibungen ergebniswirksam aufgelöst. (vgl. Buchungssatz unter 4. „Werteverzehr nach Fertigstellung") Diese Buchungstechnik trägt dem Grundsatz Rechnung, dass der Werteverzehr des geförderten Anlagevermögens erfolgsneutral sein soll. Eine Ergebnisauswirkung ist folglich nicht gegeben.
(vgl. Lorke / Müller 2008, S. 112)
Eine Ergebnisauswirkung würde sich in diesem Zusammenhang nur einstellen, wenn der jeweilige Vermögensgegenstand mit einer Förderquote unter einhundert Prozent gefördert wird. Dies hätte zur Folge, dass der Eigenanteil, d.h. der nicht geförderte Anteil am Vermögensgegenstand, durch das Krankenhaus aus eigenen Mitteln finanziert werden muss. Somit würden die Abschreibungen bei Nutzung des Vermögensgegenstands, in Höhe des prozentualen Eigenanteils am Gesamtwert des geförderten z.B. Krankenhausgebäudes, als zusätzlicher Aufwand in der GuV erfasst werden. Dieser Anteil der Abschreibungen wird nicht durch den Sonderposten neutralisiert. Eine Förderquote unter einhundert Prozent impliziert auf diese Weise eine negative Ergebnisauswirkung in der GuV des Krankenhauses. Eine Förderquote unter einhundert Prozent stellt in der heutigen Praxis den Standard dar.

„Wird ein gefördertes Anlagegut (z.B. ein Laborgerät) in den Folgejahren im Rahmen einer Ersatzmaßnahme ersetzt und dabei das alte Anlagegut in Zahlung gegeben, so sind die Erlöse aus dem Verkauf des alten Anlagegutes zu neutralisieren. Dies erfolgt dadurch, dass den Verbindlichkeiten aus noch nicht verwendeten Fördermitteln der entsprechende Betrag zugeführt wird." (Lorke / Müller 2008, S. 100)

Zusammenfassendes Beispiel:

Sachverhalt:

Ein Krankenhausunternehmen errichtet ein neues Krankenhausgebäude innerhalb von 4 Jahren, in dem zusätzliche Betten und Stationen integriert werden sollen. Der Gebäudeteil ohne Grund und Boden wird mit Herstellungskosten von insgesamt TEUR 4.000 errichtet. Die Herstellungskosten pro Baujahr betragen TEUR 1.000. Die wirtschaftliche Nutzungsdauer des Gebäudes, ab dem Zeitpunkt der Fertigstellung, beträgt 20 Jahre. Das Gebäude wird zu 80 % mit Fördermitteln (Einzelförderung nach § 9 Abs. 1 KHG) finanziert, die ab Beginn der Bauphase dem Krankenhaus vollständig zur Verfügung stehen. Bei dem Krankenhaus handelt es sich um ein Plankrankenhaus.

Buchungen nach HGB / KHBV (Bruttomethode):

1. Fördermittelbewilligung

- per *„Forderungen nach dem Krankenhausfinanzierungsrecht (KGr. 15)"*
  3200 TEUR
  an
  „Erträge aus Fördermitteln nach dem KHG"
  3200 TEUR

- per *„Aufwendungen aus der Zuführung der Fördermittel nach dem KHG zu Sonderposten oder Verbindlichkeiten (KUGr. 752, 754)"*
  3200 TEUR
  an
  „Verbindlichkeiten nach dem Krankenhausfinanzierungsrecht (KGr. 35)"
  3200 TEUR

2. Geldeingang – Auszahlung der Fördermittel

per *„Bank (KGr. 13)"*
3200 TEUR
an
„Forderungen nach dem Krankenhausfinanzierungsrecht (KGr. 15)"
3200 TEUR

3. Verwendung der Fördermittel – Bauphase (4 Jahre)

1. – 3. Baujahr

- per *„geleistete Anzahlungen und Anlagen im Bau (KGr. 08)"*
1000 TEUR
an
„Bank (KGr. 13)"
1000 TEUR

- per *„Verbindlichkeiten nach dem Krankenhausfinanzierungsrecht (KGr. 35)"*
800 TEUR
an
„Sonderposten aus Fördermitteln nach dem KHG (KGr. 22)"
800 TEUR

4. Baujahr (Fertigstellung)

- per *„geleistete Anzahlungen und Anlagen im Bau (KGr. 08)"*
1000 TEUR
an
„Bank (KGr. 13)"
1000 TEUR

- per *„Verbindlichkeiten nach dem Krankenhausfinanzierungsrecht (KGr. 35)"*
800 TEUR
an
„Sonderposten aus Fördermitteln nach dem KHG (KGr. 22)"
800 TEUR

- per „*Betriebsbauten (KGr. 11)*"

4000 TEUR

an

„geleistete Anzahlungen und Anlagen im Bau (KGr. 08)"

4000 TEUR

4. Werteverzehr nach Fertigstellung (20 Jahre Nutzungsdauer)

Buchungen t1 – t20

- per „*Abschreibung (KGr. 76)*"

200 TEUR

an

„Betriebsbauten (KGr. 11)"

200 TEUR

- per „*Sonderposten aus Fördemitteln nach dem KHG (KGr. 22)*"

160 TEUR

an

„Erträge aus der Auflösung von Sonderposten nach dem KHG (KGr. 490)"

160 TEUR

> kum. Ergebnisauswirkung (t1 – t20): - 800 TEUR
> → 80% Fördermittelanteil – <u>20 % Eigenanteil</u>

3.2.1.1.3 Vorgriff auf pauschale Fördermittel

Werden Investitionen getätigt, die über pauschale Fördermittel nach § 9 Abs. 3 KHG finanziert werden dürfen, sind aber im laufenden Geschäftsjahr und aus den Vorjahren nicht genügend Mittel vorhanden, kommt es häufig zu einem sogenannten Vorgriff auf die pauschalen Fördermittel. Solch ein Vorgriff bedeutet, dass eine Investition durch

Vorfinanzierung aus eigenen oder Fremdkapitalmitteln im Vorgriff auf zukünftige Fördermittelzuweisungen getätigt wird. (vgl. Lorke / Müller 2008, S. 105) In den Folgejahren können dann die zugewiesenen pauschalen Fördermittel, die eingesetzten Eigen- oder Fremdkapitalmittel ablösen. Die Zulässigkeit eines solchen Vorgriffs wird je nach Bundesland unterschiedlich gehandhabt. „ Die Bilanzierung eines Vorgriffes auf pauschale Fördermittel ist nach Auffassung des Krankenhausfachausschusses (KHFA) beim IDW grundsätzlich nicht zulässig. Er wird allerdings geduldet, wenn der Vorgriff eine Jahresrate nicht übersteigt. Ein darüber hinausgehender Vorgriff kann nur bilanziert werden, wenn aufgrund vorgelegter Investitionsplanungen glaubhaft davon auszugehen ist, dass dieser Vorgriff kurzfristig wieder zurückgeführt wird. Bei einem nach obigen Kriterien zu hohen Vorgriff sind Investitionen als ‚vorläufig aus Eigenmitteln finanziert' zu erfassen." (Solidaris 2002, S. 4)

Für die bilanzielle Darstellung eines „Vorgriffs" nach HGB / KHBV gibt es grundsätzlich 2 Möglichkeiten, die im Folgenden beschrieben werden:

1. Variante:

Die 1. Variante impliziert eine *erfolgsneutrale* Darstellung einer Fördermittelverwendung über den Bestand der Verbindlichkeiten aus noch nicht verwendeten Fördermitteln hinaus.
In dieser Variante würde der Fördermittelvorgriff zum Anschaffungszeitpunkt der Sachanlage so behandelt werden, als seien die Mittel bereits vorhanden. Unterjährig wird der pauschale Förderungsbetrag, der den Investitionsbetrag unterschreitet, zum einen über die „Forderungen nach dem Krankenhausfinanzierungsrecht (KUGr. 150)" und zum anderen über die „Verbindlichkeiten nach dem Krankenhausfinanzierungsrecht (KGr. 35)" erfolgswirksam verbucht. Bei Zahlung wird die Forderung in Höhe des Förderbetrags aufgelöst. (vgl. 3.2.1.1.1) Die Investition und somit der Zugang zum Anlagevermögen wird zum Anschaffungs- / Herstellungszeitpunkt aktiviert und die „Verbindlichkeiten nach dem KHG (KGr. 35)" werden in Höhe der Anschaffungskosten des Vermögensgegenstands, die über dem Wert der pauschalen Förderung liegen, auf das Konto „ Sonderposten aus Zuwendungen zur Finanzierung des Sachanlagevermögens (KGr. 21,22,23)" umgebucht. Auf dem Verbindlichkeiten - Konto entsteht hierdurch ein Soll – Saldo, da der Förderungsbetrag den Investitionsbetrag unterschreitet. Die Abschreibungen auf die angeschaffte oder hergestellte Sachanlage werden in voller Höhe durch Verrechnung mit dem Sonderposten neutralisiert.

Zum Jahresabschluss wird der negative Soll – Saldo der Verbindlichkeiten mit den Sonderposten verrechnet (Buchungssatz: per Sonderposten an Verbindlichkeiten nach KHG). Im Folgejahr bei Eingang der weiteren pauschalen Fördermittel erfolgt die Korrektur (Buchungssatz: per Verbindlichkeiten nach KHG an Sonderposten).
(vgl. Lorke / Müller 2008, S. 105)

2. Variante:

Die 2. Variante impliziert eine *erfolgsneutrale* Darstellung der Fördermittelverwendung nur bis zu der Höhe, wie noch nicht verwendete Fördermittel verfügbar sind, und darüber hinaus die *erfolgswirksame* Darstellung von eigenmittelfinanziertem Anlagevermögen.
Im Gegensatz zur 1. Variante erfolgt hier keine Umbuchung der Verbindlichkeiten nach KHG in die Sonderposten in Höhe des Vorgriffs. Vielmehr wird nur der Betrag der in der Periode bewilligten pauschalen Fördermittel umgebucht, der in diesem Fall kleiner als der Investitionsbetrag ist. Erfolgen im Anschaffungsjahr der z.B. Röntgenanlage bereits Abschreibungen auf die Sachanlage, so werden diese nur bis zur Höhe des Anteils der tatsächlich vorhandenen pauschalen Fördermittel am Gesamtbetrag der Investition vorgenommen und über den Sonderposten neutralisiert. Der andere Teil der Abschreibungen, der durch eigene Mittel finanziert wurde, wird hingegen nicht über den Sonderposten neutralisiert und belastet somit das Jahresergebnis. Wenn im Folgejahr ausreichend Fördermittel vorhanden sind, erfolgt die Korrektur, indem in Höhe des im Vorjahr erfolgten Vorgriffs eine Zuführung zum Sonderposten erfolgt. Die am Jahresende auf die Sachanlage anfallenden Abschreibungen werden vollständig über den Sonderposten neutralisiert. Der negative Ergebniseffekt des Vorjahres wird in diesem Zuge zusätzlich über den Sonderposten ausgeglichen, so dass sich ein Ergebniseffekt aus dem Vorjahr mit umgekehrtem Vorzeichen ergibt. (vgl. Lorke / Müller 2008, S. 105)

Auch wenn die 1. Variante in der deutschen handelsrechtlichen Praxis oft aus Vereinfachungsgründen angewendet wird, entspricht die 2. Variante den Grundsätzen ordnungsgemäßer Buchführung und bildet die Vermögens- und Ertragslage in zutreffender Form ab. (vgl. Penter / Kohler 2005, S. 60) Vielmehr verstößt die 1. Variante gegen das Realisationsprinzip und ist deshalb abzulehnen. (vgl. Lorke / Müller 2008, S. 105)

3.2.1.1.4 Ausgleichsposten nach KHG *(KUGr. 180,181, KGr. 24)*

1. Ausgleichsposten aus Darlehensförderung (KUGr. 180, KGr. 24)

Nach § 9 Abs. 2 Nr. 3 KHG bewilligen die Länder auf Antrag des Krankenhausträgers Fördermittel für Lasten aus Darlehen, die vor Aufnahme des Krankenhauses in den Krankenhausplan für förderungsfähige Investitionskosten aufgenommen worden sind. Erhält ein Krankenhaus Fördermittel für Lasten aus Darlehen nach § 9 Abs. 2 Nr. 3 KHG bewilligt, so fallen aus diesem Fördertatbestand für das Krankenhaus im Wesentlichen jährlich Erträge in Höhe der Zinsen als auch in Höhe des Tilgungsanteils für das Darlehen an. Als Aufwand steht diesen Erträgen der Zinsaufwand für das Darlehen sowie die Abschreibungen auf den angeschafften Vermögensgegenstand gegenüber. (vgl. Lorke / Müller 2008, S. 109) Nach § 5 Abs. 4 S.1 KHBV ist in Höhe des Teils der jährlichen Abschreibungen auf die mit diesen Mitteln finanzierten Vermögensgegenstände des Anlagevermögens der nicht durch den Tilgungsanteil der Fördermittel gedeckt ist, in der Bilanz auf der Aktivseite ein „Ausgleichsposten aus Darlehensförderung (KUGr. 180)" zu bilden (Buchungssatz: per „Ausgleichsposten aus Darlehensförderung KUGr. 180" an „ Erträge aus der Einstellung von Ausgleichsposten aus Darlehensförderung KGr. 48"). Nach § 5 Abs. 4 S. 2 KHBV ist im umgekehrten Fall ein „Ausgleichsposten aus Darlehensförderung (KGr. 24)" auf der Passivseite der Bilanz zu bilden (Buchungssatz: per „Aufwendungen aus der Einstellung von Ausgleichsposten aus Darlehensförderung KUGr. 753" an „Ausgleichsposten aus Darlehensförderung KGr. 24). Dieser Posten ist dann auszuweisen, wenn der Tilgungsanteil der Fördermittel aus der Darlehensförderung höher ist, als die jährlichen Abschreibungen der mit diesen Mitteln finanzierten Vermögensgegenstände. Der Ausgleichsposten aus Darlehensförderung stellt somit einen reinen Abgrenzungsposten dar. (vgl. Lorke / Müller 2008, S. 109)

Bei Abgängen (z.B. Verkauf) der mit geförderten Darlehen finanzierten Vermögensgegenstände erhöht sich der aktive „Ausgleichsposten aus Darlehensförderung KUGr. 180" nach Maßgabe der zeitanteiligen Buchverluste (Buchungssatz: per „Ausgleichsposten aus Darlehensförderung KUGr. 180" an „ Erträge aus der Einstellung von Ausgleichsposten aus Darlehensförderung KGr. 48") und vermindert sich entsprechend bei Buchgewinnen (Buchungssatz: per „Aufwendungen aus der Auflösung des Ausgleichspostens aus Darlehensförderung KUGr. 750" an „Ausgleichsposten aus Darlehensförderung KGr. 180). Der passive „ Ausgleichsposten aus Darlehensförderung KGr. 24" erhöht sich bei

Abgängen der mit geförderten Darlehen finanzierten Anlagegegenstände entsprechend nach Maßgabe der zeitanteiligen Buchgewinne (Buchungssatz: per „Aufwendungen aus der Einstellung von Ausgleichsposten aus Darlehensförderung KUGr. 753" an „Ausgleichsposten aus Darlehensförderung KGr. 24") und verringert sich bei Buchverlusten (Buchungssatz: per „Ausgleichsposten aus Darlehensförderung KGr. 24" an „Erträge aus der Auflösung von Ausgleichsposten aus Darlehensförderung KUGr. 492"). Es handelt sich insoweit um eine Korrektur der bisher verrechneten Abschreibungen.
(vgl. PricewaterhouseCoopers AG WPG 2006, S. 73 u. 78)

Sobald die geförderten Anlagengegenstände abgeschrieben sind, wird der noch bestehende aktive „Ausgleichsposten aus Darlehensförderung KUGr. 180" in den Folgejahren nach Maßgabe der geförderten Darlehenstilgungen zu Lasten der Aufwendungen aufgelöst (Buchungssatz: per „Aufwendungen aus der Auflösung des Ausgleichspostens aus Darlehensförderung KUGr. 750" an „Ausgleichsposten aus Darlehensförderung KGr. 180). Im Umkehrschluss wird der passive „Ausgleichsposten aus Darlehensförderung KGr. 24" in den Folgejahren nach Maßgabe der korrespondierenden Abschreibungen zugunsten der Erträge aufgelöst (Buchungssatz: per „Ausgleichsposten aus Darlehensförderung KGr. 24" an „Erträge aus der Auflösung von Ausgleichsposten aus Darlehensförderung KUGr. 492").
(vgl. PricewaterhouseCoopers AG WPG 2006, S. 73 u. 78)

„Auch wenn die Bedeutung der Darlehensförderung wegen des Auslaufens der Förderung von Investitionsmaßnahmen vor KHG naturgemäß rückläufig ist, so gewinnt sie teilweise aufgrund der Finanznot der deutschen Bundesländer wieder an praktischer Relevanz. So sehen z.B. in Rheinland – Pfalz erteilte Bewilligungsbescheide über Einzelfördermaßnahmen vor, dass die bewilligten Beträge nicht vom Land ausgezahlt werden, sondern vielmehr die Krankenhäuser aufgefordert sind, in Höhe der bewilligten Förderung ein Darlehen aufzunehmen, dessen Annuität das Land dann fördert." (Lorke / Müller 2008, S. 109)

2. Ausgleichsposten aus Eigenmittelförderung (KUGr. 181)

Nach § 9 Abs. 2 Nr. 4 KHG bewilligen die Länder auf Antrag des Krankenhausträgers Fördermittel, als Ausgleich für die Abnutzung von Anlagegütern, soweit sie mit Eigenmitteln des Krankenhausträgers beschafft worden sind und bei Inkrafttreten des KHG bereits vorhanden waren. Dieser Anspruch wird durch die Krankenhausfinanzierungsgesetze der Länder weiter spezifiziert.

„Die ‚Eigenmittelförderung' entspricht dem allgemeinen Fördergrundsatz des KHG, dass der während der Zeit der Aufnahme des Krankenhauses in den Krankenhausplan eintretende Werteverzehr des Anlagevermögens gefördert werden soll. Um wiederum den Grundsatz der Neutralität des Werteverzehrs des Anlagevermögens zu wahren, war die besondere Bilanzierungsvorschrift des § 5 Abs. 5 KHBV zu schaffen". (Lorke / Müller 2008, S. 110)

Demnach ist in Höhe der Abschreibungen auf die aus Eigenmitteln des Krankenhausträgers vor Beginn der Förderung beschafften Vermögensgegenstände des Anlagevermögens, für die ein Ausgleich für Abnutzung in der Zeit ab Beginn der Förderung verlangt werden kann, auf der Aktivseite der Bilanz ein „Ausgleichsposten für Eigenmittelförderung KUGr. 181" zu bilden. Bei diesem Posten handelt es sich nicht um eine Forderung, sondern um eine Bilanzierungshilfe zur nominellen Kapitalerhaltung, durch den die entsprechenden Abschreibungen ergebnismäßig neutralisiert werden (Buchungssatz: per „Ausgleichsposten für Eigenmittelförderung KUGr. 181" an „Erträge aus der Einstellung von Ausgleichsposten aus Eigenmittelförderung KGr. 48").

Anlagenabgänge (z.B. Verkauf) und daraus entstehende Buchverluste erhöhen den Ausgleichsposten zeitanteilig (Buchungssatz: per „Ausgleichsposten für Eigenmittelförderung KUGr. 181" an „Erträge aus der Einstellung von Ausgleichsposten aus Eigenmittelförderung KGr. 48"). Bei Buchgewinnen ergibt sich eine Verringerung des Ausgleichspostens zu Lasten der Aufwendungen aus der Auflösung des Ausgleichspostens (Buchungssatz: per „ Aufwendungen aus der Auflösung der Ausgleichsposten für Eigenmittelförderung KUGr. 751" an „Ausgleichsposten für Eigenmittelförderung KUGr. 181").

Der „Ausgleichsposten für Eigenmittelförderung KUGr. 181" weist nicht die Eigenschaft eines Vermögensgegenstands auf, da die Eigenmittelförderung – im Gegensatz zur Darlehensförderung- als Ausgleich für die Abnutzung von Anlagegütern frühestens dann gewährt wird, wenn das Ausscheiden des Krankenhauses aus dem Krankenhausplan festgestellt, der Krankenhausbetrieb eingestellt und das Krankenhaus nicht weiterhin für Krankenhauszwecke genutzt wird. (vgl. IDW 2004, S. 526)

Zusammenfassend handelt es sich bei diesem Posten um eine aufschiebend bedingte Forderung.

3.2.1.2 Bilanzierung von Fördermitteln nach IFRS

Die Bilanzierung von Fördermitteln nach IFRS weist in Gegenüberstellung zur Bilanzierung nach HGB / KHBV Unterschiede auf die nachstehend, mit Hilfe der relevanten Bilanz – und GuV – Posten, erläutert werden. (vgl. 3.2.1.1)

3.2.1.2.1 Forderungen / Verbindlichkeiten aus Fördermitteln

Für Forderungen sowie Verbindlichkeiten existiert nach den IFRS kein eigener Standard. Das bedeutet, dass in der Regel die allgemeinen Regelungen des Rahmenkonzeptes (Framework), sowie die Regelungen des IAS 1 (Darstellung des Abschlusses) zu beachten sind. Die Behandlung von Fördermitteln wird explizit im IAS 20 (Bilanzierung und Darstellung von Zuwendungen der öffentlichen Hand) geregelt.

Nach IAS 20.7 werden Zuwendungen der öffentlichen Hand, also auch Fördermittel nach dem Krankenhausfinanzierungsgesetz, nur dann erfasst, wenn eine angemessene Sicherheit dafür besteht, dass:

(a) das Unternehmen die damit verbundenen Bedingungen erfüllen wird; und dass

(b) die Zuwendungen gewährt werden.

Beide Kriterien sind prinzipiell erfüllt, wenn dem Krankenhaus ein rechtskräftig ergangener Bewilligungsbescheid der jeweiligen Fördermittelbehörde vorliegt. Somit hat das Krankenhaus auch nach IFRS zum Zeitpunkt der Fördermittelbewilligung eine „Forderung nach dem KHG" zu bilanzieren, der eine „Verbindlichkeit nach dem KHG", bei noch nicht zweckgerichteter Verwendung der Mittel, gegenübersteht. Unterschiede zur Bilanzierung nach HGB / KHBV ergeben sich jedoch bei der erstmaligen Bilanzierung der „Forderung nach KHG" bzw. der „Verbindlichkeiten nach KHG". Eine erfolgswirksame Buchung der Fördermittel kommt in diesem Rahmen nicht in Betracht. Dies ergibt sich sowohl aus der Definition der Erträge und Aufwendungen nach Framework, Paragraph 70 a) und b) als auch aus IAS 20.12. Nach Framework, Paragraph 70 a) stellen Erträge eine Zunahme des wirtschaftlichen Nutzens in der Berichtsperiode in Form von Zuflüssen oder Erhöhungen von Vermögenswerten oder einer Abnahme von Schulden dar, die zu einer Erhöhung des Eigenkapitals führen, welche nicht auf eine Einlage der Anteilseigner zurückzuführen ist. Aufwendungen führen nach Framework, Paragraph 70 b) zu einer Abnahme des Eigenkapitals. Die Forderungsgrundsätze des Krankenhausfinanzierungsgesetzes sehen vor, dass ab dem Zeitpunkt der Förderung des Krankenhauses der jeweilige Vermögenswert und während der Zeit der Förderung der eintretende Werteverzehr des jeweiligen Vermögenswerts gefördert werden soll. Eine Erhöhung oder Abnahme des Eigenkapitals, wie nach Framework Paragraph 70 in der Definition der Erträge und Aufwendungen gefordert, ist im Zuge der Förderung von Investitionen nicht beabsichtigt. IAS 20.12 legt fest, dass Zuwendungen der öffentlichen Hand erst in der Folge planmäßig als Ertrag zu erfassen sind. Dies geschieht im Verlauf der Perioden, die erforderlich sind, um die Fördermittel mit den entsprechenden Aufwendungen, die sie kompensieren sollen, zu verrechnen. Wie nach HGB / KHBV sollen die öffentlichen Zuwendungen die Abschreibungen der Investition ergebnismäßig kompensieren. Nach der Bruttomethode wird in diesem Zusammenhang ein Passivischer Abgrenzungsposten in Höhe des investierten Fördermittelbetrags passiviert, der in seiner Eigenart dem „ Sonderposten aus Fördermitteln nach dem KHG (KGr. 22)" nach HGB / KHBV entspricht. Bei zweckgerichteter Verwendung der Fördermittel werden wie nach HGB / KHBV die Verbindlichkeiten nach KHG in Höhe des investierten Betrags in den Passivischen Abgrenzungsposten umgebucht. Werden die Mittel bei Vorlage des Bewilligungsbescheids sofort zweckgerichtet investiert, so ist der Forderung nach KHG direkt der Passivischen Abgrenzungsposten gegenüberzustellen. (vgl. Lorke / Müller 2008, S. 101 - 102)

Die Bewertung der Forderung nach KHG bzw. der Verbindlichkeit nach KHG regelt IAS 39.43. Demnach hat ein Unternehmen bei erstmaligem Ansatz eines finanziellen Vermögenswertes oder einer finanziellen Verbindlichkeit diese zu ihrem beizulegenden Zeitwert zu bewerten. Den beizulegenden Zeitwert bei Forderungen nach KHG bilden grundsätzlich die Anschaffungskosten was bedeutet, das die Forderung in Höhe der zugewiesenen Fördermittel zu erfassen ist. Die zeitgleich zu erfassende Verbindlichkeit bzw. der Passivischer Abgrenzungsposten folgt hinsichtlich der Bewertung dem Ansatz der Forderung. (vgl. Lorke / Müller 2008, S. 102)

„ Hinsichtlich des Ausweises der Forderungen ist zunächst festzuhalten, dass sich weder aus IAS 20 selbst noch aus den Gliederungsvorschriften des IAS 1 entnehmen lässt, wie die Gliederungssystematik bei den Investitionszuwendungen zu berücksichtigen ist." (Lorke / Müller 2008, S. 102) Nach IAS 1.51 hat ein Unternehmen kurzfristige und langfristige Vermögenswerte als getrennte Gliederungsgruppen in der Bilanz darzustellen, sofern eine Darstellung nach der Liquidität nicht zuverlässig und relevanter ist. Die Mindestgliederung ergibt sich aus IAS 1.68. Weiterhin sei darauf hingewiesen, dass nach IAS 1.69 zusätzliche Posten, Überschriften und Zwischensummen in der Bilanz darzustellen sind, wenn eine solche Darstellung für das Verständnis der Finanzlage des Unternehmens relevant ist. Wenn die gewährten Zuschüsse zweckentsprechend verwendet wurden oder von dem Ansatzwahlrecht des IAS 20.24, der sogenannten Nettomethode – offene Absetzung der Zuwendungen vom Buchwert des Vermögenswertes - Gebrauch gemacht wird, stellt sich die Frage des Ausweises der Forderung nach KHG nicht. Werden die Fördermittel im Jahr der Bewilligung jedoch noch nicht verwendet, so dass eine der Forderung entsprechende Verbindlichkeit nach KHG bzw. ein Passiver Rechnungsabgrenzungsposten auszuweisen ist, bietet sich ein Ausweis der Forderung im kurzfristigen Bereich dann an, wenn eine Auflösung innerhalb der folgenden 12 Monate zu erwarten ist. Im Übrigen wird die Forderung nach KHG im langfristigen Bereich ausgewiesen. Der Passive Rechnungsabgrenzungsposten stellt im Rahmen der IFRS einen Fremdkörper dar. Es bietet sich hierbei ein Ausweis unter den Sonstigen Verbindlichkeiten an. (vgl. Lorke / Müller 2008, S. 103)

Die folgenden Buchungssätze zeigen die Systematik nach der Brutto – und Nettomethode nach IFRS bei Fördermittelbewilligung, Auszahlung der Fördermittel aber noch nicht zweckgerichteter Verwendung der Zuwendungen. Solange die bewilligten Mittel noch nicht verwendet wurden, gibt es hinsichtlich deren bilanzieller Erfassung keine Unterschiede zwischen den beiden Methoden. Die Unterschiede ergeben sich erst bei Verwendung der Mittel und sollen im folgenden Abschnitt erläutert werden. (vgl. 3.2.1.2.2)

Buchungssätze (Bruttomethode + Nettomethode nach IFRS)

1. Fördermittelbewilligung

- *per „Forderungen nach dem Krankenhausfinanzierungsrecht"*

    an

    „Verbindlichkeiten nach dem Krankenhausfinanzierungsrecht"

    oder

    „Passivischer Abgrenzungsposten"

2. Geldeingang – Auszahlung der Fördermittel

per „Bank"

an

„Forderungen nach dem Krankenhausfinanzierungsrecht"

3.2.1.2.2 Brutto- und Nettobilanzierung von Fördermitteln nach IFRS

Gemäß IAS 20.24 dürfen Fördermittel bzw. Zuwendungen der öffentlichen Hand für Vermögenswerte, in der Bilanz entweder als Passivischer Abgrenzungsposten (Bruttobilanzierung) dargestellt werden oder bei der Feststellung des Buchwertes des Vermögenswertes von diesem abgesetzt werden (Nettobilanzierung). Nach IAS 20.25 sind diese beiden Alternativen der Darstellung von Zuwendungen für Vermögenswerte als gleichwertig zu betrachten. „Die nach IAS 20.24 ff. verpflichtend vorgeschriebene zeitliche Verteilung des Zuschusses wird somit entweder über eine verminderte Abschreibung, bei Absetzen des Zuschusses von den Anschaffungskosten, oder über eine Neutralisierung der entsprechenden Abschreibung durch Auflösung des Passivischen Abgrenzungspostens, bei Ansatz zu ungekürzten Anschaffungskosten und korrespondierend eines Passivischen Abgrenzungspostens, vorgenommen." (Lorke / Müller 2008, S. 27–28) Während im deutschen Handelsrecht nach Auffassung des Krankenhausfachausschusses des IDW die Nettobilanzierung für Krankenhäuser nicht gestattet ist, da mit dieser Methode der Einblick in die Vermögenslage beeinträchtigt wäre, schränkt IAS 20 dieses Wahlrecht nicht ein. Die Vermittlung einer true – and – fair – view in Hinblick auf die Vermögenslage wird in den IFRS durch umfangreiche Anhangsangaben gewährleistet. (vgl. Lorke / Müller 2008, S.28)
Nach IAS 20.39 sind bezüglich von Zuwendungen der öffentlichen Hand die folgenden Anhangsangaben erforderlich:

(a) die auf die Zuwendungen der öffentlichen Hand angewandte Bilanzierungs – und Bewertungsmethode, einschließlich der im Abschluss angewandten Darstellungsmethoden;

(b) Art und Umfang der im Abschluss erfassten Zuwendungen der öffentlichen Hand und ein Hinweis auf andere Formen von Beihilfen der öffentlichen Hand, von denen das Unternehmen unmittelbar begünstigt wurde; und

(c) Unerfüllte Bedingungen und andere Erfolgsunsicherheiten im Zusammenhang mit im Abschluss erfassten Beihilfen der öffentlichen Hand.

Wie unter Gliederungspunkt 3.2.1.2.1 bereits aufgezeigt wurde, gibt es im Rahmen der erstmaligen Bilanzierung von noch nicht zweckentsprechend verwendeten Fördermitteln nach IFRS keine Unterschiede zwischen der Brutto – und Nettomethode. Erst bei Verwendung der Fördermittel treten die bereits erläuterten Unterschiede auf.

Werden die Fördermittel zweckentsprechend verwendet was bedeutet, dass ein Vermögenswert mit diesen Mitteln angeschafft oder hergestellt wird, kann nach den IFRS nach dem erstmaligen Ansatz eines Vermögenswertes in der Folgezeit für die Bewertung alternativ das Anschaffungskostenmodell oder das Neubewertungsmodell zugrunde gelegt werden. Dieses Wahlrecht ist im IAS 16.29 für Sachanlagen kodifiziert.

Wählt ein Krankenhausunternehmen im Rahmen der Folgebewertung das Anschaffungskostenmodell, so ist die Sachanlage nach dem Ansatz als Vermögenswert zu ihren Anschaffungskosten abzüglich der kumulierten Abschreibungen und kumulierten Wertminderungen anzusetzen. (IAS 16.30) Im Rahmen des Anschaffungskostenmodells ergeben sich hinsichtlich der Netto- sowie der Bruttobilanzierung keine Abweichungen zum HGB / KHBV. Es bleibt in diesem fall bei der beschriebenen proportionalen Auflösung des Passivischen Abgrenzungspostens (Bruttomethode) oder bei der niedrigeren Abschreibungsverrechnung (Nettomethode). (vgl. Lorke / Müller 2008, S. 28)

Die Besonderheit im Gegensatz zur Bilanzierung nach HGB / KHBV bildet das Neubewertungsmodell. Nach IAS 16.31 ist eine Sachanlage, deren beizulegender Zeitwert verlässlich bestimmt werden kann nach dem Ansatz als Vermögenswert zu einem Neubewertungsbetrag anzusetzen, der seinem beizulegenden Zeitwert am Tage der Neubewertung abzüglich nachfolgender kumulierter planmäßiger Abschreibungen und nachfolgender kumulierter Wertminderungsaufwendungen entspricht. Neubewertungen sind in hinreichend regelmäßigen Abständen vorzunehmen, um sicherzustellen, dass der Buchwert nicht wesentlich von dem abweicht, der unter Verwendung des beizulegenden Zeitwertes zum Bilanzstichtag ermittelt werden würde. Weiterhin muss die Neubewertung nach IAS 16.34 mit der nötigen Häufigkeit erfolgen. Maßgeblich ist hierbei eine wesentliche Abweichung des beizulegenden Zeitwertes vom Buchwert. Wendet man die Neubewertungsmethode an, so ist nach IAS 16.32 der beizulegende Zeitwert von Grundstücken und Gebäuden nach den auf dem Markt basierenden Daten zu ermitteln. Das Gleiche gilt für Maschinen und technische Anlagen. Ist eine Marktpreisschätzung nicht möglich, sind die fortgeführten Wiederbeschaffungskosten anzusetzen. (IAS 16.33) Die bilanzielle Vorgehensweise bei einer Wertsteigerung sowie einer Wertminderung des Vermögenswertes, unter Anwendung des Neubewertungsmodells, soll nachstehend kompakt beschrieben werden (vgl. Abbildung 11):

Erfolgt nach dem Erwerb einer Sachanlage erstmals eine Neubewertung, muss zwischen der Erst- und Folgebewertung unterschieden werden. (vgl. Buchholz 2007, S. 118)

„Führt die Neubewertung einer Sachanlage zu einer Buchwerterhöhung,

(a) ist der Unterschiedbetrag *ergebnisneutral* in eine Neubewertungsrücklage (revaluation surplus) im Rahmen des Eigenkapitals einzustellen.

(b) Allerdings ist die Buchwerterhöhung *ergebniserhöhend*, wenn auf diese Weise eine in einer früheren Periode entstandene Wertminderung, die ergebnismindernd durchgeführt wurde, rückgängig gemacht wird (IAS 16.39).

Hat eine Neubewertung eine Buchwertminderung zur Folge,

(c) dann ist der Unterschiedsbetrag *ergebnismindernd* zu erfassen.

(d) Wurden allerdings in den Vorperioden aufgrund einer Buchwerterhöhung bereits Beträge in die Neubewertungsrücklage eingestellt, ist der aktuelle Unterschiedsbetrag zunächst mit dieser Neubewertungsrücklage *ergebnisneutral* zu verrechnen (IAS 16.40)."

(Ruhnke 2005, S. 445)

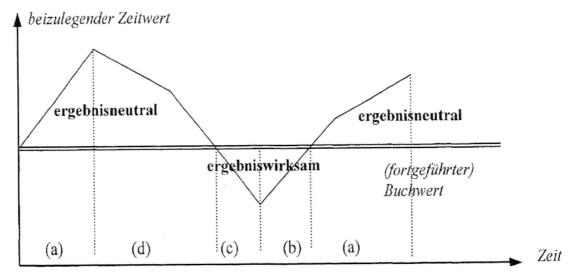

Abbildung 11: Erfassung von Wertänderungen beim Neubewertungsmodell nach IFRS
(Ruhnke 2005, S. 445)

Nach IAS 16.41 *kann* bei einer Sachanlage die Neubewertungsrücklage im Eigenkapital direkt den Gewinnrücklagen zugeführt werden, sofern der Vermögenswert ausgebucht ist (Buchungssatz: *per* Neubewertungsrücklagen an Gewinnrücklagen). Ein Teil der Rücklage kann allerdings bereits bei Nutzung des Vermögenswertes durch das Unternehmen übertragen werden. Die Auflösung erfolgt durch eine anteilige Umbuchung in die Gewinnrücklagen. Der Anteil hängt von der Abschreibungsmethode der zugehörigen Sachanlage ab. (vgl. Bucholz 2007, S. 118) Die Auflösung der Rücklage berührt die GuV – Rechnung nicht. (vgl. Wagenhofer 2005, S. 366)

Im Falle des Neubewertungsmodells stellt sich bei geförderten Vermögenswerten die Frage, wie der höhere Zeitwert bilanziell zu behandeln ist. Grundsätzlich kommt es wie dargestellt zu einer Erhöhung des Eigenkapitals indem die Wertsteigerung in eine Neubewertungsrücklage eingestellt wird. Fraglich ist jedoch, ob der höhere Zeitwert einen Vermögenswert des Krankenhauses darstellt, d.h. ob dem Krankenhaus aufgrund des höheren Zeitwertes ein künftig ökonomischer Vorteil zufließen wird und ihm die Verfügungsmacht hierüber zusteht oder ob der Fördermittelgeber Anspruch auf den Nutzen des höheren Zeitwertes erheben kann. Dies kann nach den Rechtsgrundlagen der Förderung nach dem KHG nicht ausgeschlossen werden. Sobald jedoch die Zweckbindungsfrist, z.B die vollständige Abschreibung eines geförderten Krankenhausgebäudes erfüllt ist, sollte ein Anspruch der jeweiligen Fördermittelbehörde am höheren Zeitwert nicht mehr bestehen. (vgl. Lorke / Müller 2008, S. 28)

„Sofern man nach sachgerechter Würdigung des Einzelfalls zu dem Ergebnis gelangt, das aus dem höheren Zeitwert kein ökonomischer Vorteil für das Krankenhaus entsteht, kommt im Fall der Nettomethode eine Aufwertung des Anlagevermögens und damit eine Einstellung in die Neubewertungsrücklage nicht in Frage, da der beizulegende Zeitwert mit dem höheren Wert der Zuwendungen zu verrechnen ist. Im Falle der Bruttomethode wäre in diesem Fall eine Aufstockung des Passivischen Abgrenzungspostens gegenüberzustellen. Verneint man die Partizipation des Fördermittelgebers am höheren Zeitwert – was grundsätzlich nicht der Regelfall sein wird -, so ist in Höhe des Differenzbetrags zwischen Buchwert des Anlagevermögens und beizulegendem Zeitwert ergebnisneutral eine Aktivierung gegen Einbuchung einer entsprechenden Neubewertungsrücklage vorzunehmen (IAS 16.39 und IAS 38.85)." (Lorke / Müller 2008, S. 29)

Das folgende, zusammenfassende Beispiel soll dem Leser die Buchungstechnik von geförderten Vermögenswerten nach der Brutto – und Nettomethode nach IFRS bei Anwendung des Neubewertungsmodells visualisieren. Die Bruttobilanzierung bei

Anwendung des Anschaffungskostenmodells entspricht grundsätzlich der Vorgehensweise nach HGB / KHBV und wird an dieser Stelle außer Acht gelassen. (vgl. 3.2.1.1.2)

Zusammenfassendes Beispiel (Bruttomethode + Nettomethode nach IFRS bei Anwendung des Neubewertungsmodells) :

(1.) Sachverhalt (Bruttomethode + Neubewertungsmodell):

Ein Krankenhausunternehmen errichtet ein neues Krankenhausgebäude innerhalb von 4 Jahren, in dem zusätzliche Betten und Stationen integriert werden sollen. Der Gebäudeteil ohne Grund und Boden wird mit Herstellungskosten von insgesamt TEUR 4.000 errichtet. Die Herstellungskosten pro Baujahr betragen TEUR 1.000. Die wirtschaftliche Nutzungsdauer des Gebäudes, ab dem Zeitpunkt der Fertigstellung, beträgt 20 Jahre. Das Gebäude wird zu 80 % mit Fördermitteln (Einzelförderung nach § 9 Abs. 1 KHG) finanziert, die ab Beginn der Bauphase dem Krankenhaus vollständig zur Verfügung stehen. Gemäß Fördermittelbescheid beträgt die zweckentsprechende Nutzung 10 Jahre. Am Ende der Periode 10 stellt sich heraus, dass der beizulegende Zeitwert des Gebäudes TEUR 4.000 beträgt. Der erwartete Restwert am Ende der wirtschaftlichen Nutzungsdauer ist Null. Nach den Umständen des Einzelfalls kann eine Partizipation der Fördermittelbehörde am höheren Zeitwert ausgeschlossen werden. Bei dem Krankenhaus handelt es sich um ein Plankrankenhaus.

Das Krankenhaus bilanziert zum Zugangszeitpunkt das Krankenhausgebäude zu *Herstellungskosten (Anschaffungskostenmodell)* nach der *Bruttomethode* und wählt ab dem Ende der Periode 10 das *Neubewertungsmodell*.

Buchungen nach IFRS:

1. Fördermittelbewilligung

- *per „Forderungen nach dem Krankenhausfinanzierungsrecht "*

3200 TEUR

an

„Verbindlichkeiten nach dem Krankenhausfinanzierungsrecht (nicht verwendete Fördermittel)"

3200 TEUR

2. Geldeingang – Auszahlung der Fördermittel

per „Bank"
3200 TEUR
an
„Forderungen nach dem Krankenhausfinanzierungsrecht"
3200 TEUR

3. Verwendung der Fördermittel – Bauphase (4 Jahre)

1. - 3. Baujahr

- *per „geleistete Anzahlungen und Anlagen im Bau"*
1000 TEUR
an
„Bank"
1000 TEUR

- *per „Verbindlichkeiten nach dem Krankenhausfinanzierungsrecht"*
800 TEUR
an
„Passivischer Abgrenzungsposten aus Investitionszuwendungen"
800 TEUR

4. Baujahr (Fertigstellung)

- *per „geleistete Anzahlungen und Anlagen im Bau"*
1000 TEUR
an
„Bank"
1000 TEUR

- per *„Verbindlichkeiten nach dem Krankenhausfinanzierungsrecht"*

800 TEUR

an

„Passivischer Abgrenzungsposten aus Investitionszuwendungen"

800 TEUR

- per *„Betriebsbauten"*

4000 TEUR

an

„geleistete Anzahlungen und Anlagen im Bau"

4000 TEUR

4. Werteverzehr nach Fertigstellung (20 Jahre Nutzungsdauer)

Buchungen t1 – t10 (Anschaffungskostenmodell)

- per *„Abschreibung"*

200 TEUR

an

„Betriebsbauten"

200 TEUR

- per *„Passivischer Abgrenzungsposten aus Investitionszuwendungen"*

160 TEUR

an

„Erträge aus der Auflösung von Passivischen Abgrenzungsposten aus Investitionszuwendungen"

160 TEUR

> *kum. Ergebnisauswirkung (t1 – t10): - 400 TEUR*
> → *80% Fördermittelanteil – 20 % Eigenanteil*

5. Neubewertung am Ende der Periode 10

- *Zeitwert: 4500 TEUR* → *Abschreibungen (t1 – t10): 2250 TEUR*
  → *Abgeschriebener Zeitwert (t10): 2250 TEUR*

- *Buchwert: 4000 TEUR* → *Abschreibungen (t1 – t10): 2000 TEUR*
  → *Abgeschriebener Buchwert (t10): 2000 TEUR*

Differenz zwischen dem Restbuchwert und dem Abgeschriebenen Zeitwert: **250 TEUR**

- **Buchungen:**

  - per „Betriebsbauten"

  250 TEUR

  an

  „Neubewertungsrücklage"

  250 TEUR

- **Buchwerte am Ende der Periode 10 nach der Neubewertung:**

	Soll	*Haben*
Betriebsbauten	**2250 TEUR**	
anteiliges Eigenkapital aus 20 % Eigenanteil an den fortgeführten Herstellungskosten		**400 TEUR**
Neubewertungsrücklage		**250 TEUR**
Passivischer Abgrenzungsposten		**1600 TEUR**

kum. Ergebnisauswirkung (t1 – t10 nach Neubewertung): - 400 TEUR
→ *80% Fördermittelanteil –* **20 % Eigenanteil**

6. Folgebewertung Periode 11 – 20 nach Neubewertung

Variante 1 (erfolgsneutral) – Buchungen t11 – t20:

- per *„Abschreibung"*
  200 TEUR
  „Neubewertungsrücklage"
  25 TEUR
  an
  „Betriebsbauten"
  225 TEUR

- per *„Passivischer Abgrenzungsposten aus Investitionszuwendungen"*
  160 TEUR
  an
  „Erträge aus der Auflösung von Passivischen Abgrenzungsposten aus Investitionszuwendungen"
  160 TEUR

> *kum. Ergebnisauswirkung (t11 – t20): - 400 TEUR*
> → *80% Fördermittelanteil – 20 % Eigenanteil*

Variante 2 (erfolgswirksam) – Buchungen t11 – t20:

- per *„Abschreibung"*
  225 TEUR
  an
  „Betriebsbauten"
  225 TEUR

- per *„Passivischer Abgrenzungsposten aus Investitionszuwendungen"*

160 TEUR

an

„Erträge aus der Auflösung von Passivischen Abgrenzungsposten aus Investitionszuwendungen"

160 TEUR

- per *„Neubewertungsrücklagen"*

25 TEUR

an

„Gewinnrücklagen"

25 TEUR

> **kum. Ergebnisauswirkung (t11 – t20): - 650 TEUR**
> → **80% Fördermittelanteil – 20 % Eigenanteil**

(2.) Sachverhalt (Nettomethode + Neubewertungsmodell):

Sachverhalt wie (1. Bruttomethode + Neubewertungsmethode). Das Krankenhaus bilanziert jedoch zum Zugangszeitpunkt das Krankenhausgebäude zu **Herstellungskosten (Anschaffungskostenmodell)** nach der **Nettomethode** und wählt ab dem Ende der Periode 10 das **Neubewertungsmodell**.

Buchungen nach IFRS:

1. Fördermittelbewilligung + 2. Geldeingang – Auszahlung der Fördermittel

Bei noch nicht zweckgerichteter Verwendung der Fördermittel sind die Buchungen identisch mit den Buchungen bei Anwendung der Bruttomethode. (vgl. 1. Sachverhalt – Bruttomethode + Neubewertungsmodell)

3. Verwendung der Fördermittel – Bauphase (4 Jahre)

1. – 3. Baujahr

- per *„geleistete Anzahlungen und Anlagen im Bau"*

  200 TEUR

  „Verbindlichkeiten nach dem Krankenhausfinanzierungsrecht"

  800 TEUR

  an

  „Bank bzw. Kreditoren"

  1000 TEUR

4. Baujahr (Fertigstellung)

- per *„geleistete Anzahlungen und Anlagen im Bau"*

  200 TEUR

  „Verbindlichkeiten nach dem Krankenhausfinanzierungsrecht"

  800 TEUR

  an

  „Bank bzw. Kreditoren"

  1000 TEUR

- per *„Betriebsbauten"*

  800 TEUR

  an

  „geleistete Anzahlungen und Anlagen im Bau"

  800 TEUR

4. Werteverzehr nach Fertigstellung (20 Jahre Nutzungsdauer)

Buchungen t1 – t10 (Anschaffungskostenmodell)

- per *„Abschreibung"*

  40 TEUR

  an

  „Betriebsbauten"

  40 TEUR

> *kum. Ergebnisauswirkung (t1 – t10): - 400 TEUR*
>
> → *80% Fördermittelanteil – 20 % Eigenanteil*

5. Neubewertung am Ende der Periode 10

- *Zeitwert: 4500 TEUR* → *Abschreibungen (t1 – t10): 2250 TEUR*
  → *Abgeschriebener Zeitwert (t10): 2250 TEUR*

- *Buchwert: 4000 TEUR* → *Abschreibungen (t1 – t10): 2000 TEUR*
  → *Abgeschriebener Buchwert (t10): 2000 TEUR*

Differenz zwischen dem Restbuchwert und dem Abgeschriebenen Zeitwert: 250 TEUR

- **Buchungen:**

  - per „Betriebsbauten"

  250 TEUR

  an

  „Neubewertungsrücklage"

  250 TEUR

- **Buchwerte am Ende der Periode 10 nach der Neubewertung:**

	Soll	*Haben*
Betriebsbauten	*650 TEUR*	
anteiliges Eigenkapital aus 20 % Eigenanteil an den fortgeführten Herstellungskosten		*400 TEUR*
Neubewertungsrücklage		*250 TEUR*

> *kum. Ergebnisauswirkung (t1 – t10 nach Neubewertung): - 400 TEUR*
>
> → *80% Fördermittelanteil – 20 % Eigenanteil*

6. Folgebewertung Periode 11 – 20 nach Neubewertung

Variante 1 (erfolgsneutral) – Buchungen t11 – t20:

- per *„Abschreibung"*
40 TEUR
„Neubewertungsrücklage"
25 TEUR
an
„Betriebsbauten"
65 TEUR

> *kum. Ergebnisauswirkung (t11 – t20): - 400 TEUR*
>
> → *80% Fördermittelanteil – 20 % Eigenanteil*

Variante 2 (erfolgswirksam) – Buchungen t11 – t20:

- per *„Abschreibung"*
65 TEUR
an
„Betriebsbauten"
65 TEUR

- per *„Neubewertungsrücklagen"*
25 TEUR
an
„Gewinnrücklagen"
25 TEUR

> *kum. Ergebnisauswirkung (t11 – t20): - 650 TEUR*
> → *80% Fördermittelanteil – 20 % Eigenanteil*

3.2.1.1.3 Vorgriff auf pauschale Fördermittel

Nach IAS 20.7 erfolgt eine Erfassung von Zuwendungen der öffentlichen Hand nur dann, wenn eine angemessene Sicherheit dafür besteht, dass:

(a) das Unternehmen die damit verbundenen Bedingungen erfüllen wird; und dass

(b) die Zuwendungen gewährt werden.

Im Falle eines Vorgriffs liegt grundsätzlich die erste Voraussetzung vor. Die Fördermittel werden jedoch erst im Folgejahr bewilligt, so dass nach IFRS auch erst dann eine bilanzielle Erfassung möglich ist.

Somit entspricht die Buchungstechnik nach IFRS, der unter Gliederungspunkt 3.2.1.1.3 beschriebenen Variante 2 nach HGB / KHBV. Diese Variante impliziert eine *erfolgsneutrale* Darstellung der Fördermittelverwendung nur bis zu der Höhe, wie noch nicht verwendete Fördermittel verfügbar sind, und darüber hinaus die *erfolgswirksame* Darstellung von eigenmittelfinanziertem Anlagevermögen. Der einzige Unterschied besteht darin, dass nach IFRS kein Sonderposten, sondern wie bereits beschrieben ein Passivischer Abgrenzungsposten ausgewiesen wird (Bruttomethode).

3.2.1.1.4 Ausgleichsposten nach KHG

1. Ausgleichsposten aus Darlehensförderung

Der nach der KHBV Anlage 1 ausgewiesene aktive sowie passive Ausgleichsposten aus Darlehensförderung ist systematisch in die Bilanzierungsgrundsätze der IFRS einzuordnen. Da der Ausgleichsposten eine Bilanzierungshilfe darstellt und die IFRS keine Bilanzierungshilfen kennen, ist zunächst zu prüfen, ob der Ausgleichsposten aus Darlehensförderung nach den Definitionen des IFRS Framework einen Vermögenswert bzw. eine Schuld darstellt. (vgl. Penter / Kohler 2005, S. 86)

Nach Framework Paragraph 49 (a), ist ein Vermögenswert eine Ressource, die auf Grund von Ereignissen der Vergangenheit in der Verfügungsmacht des Unternehmens steht, und von der erwartet wird, dass dem Unternehmen aus ihr künftiger wirtschaftlicher Nutzen zufließt. Eine Schuld definiert Framework Paragraph 49 (b) als gegenwärtige Verpflichtung des Unternehmens, die aus Ereignissen der Vergangenheit entsteht und deren Erfüllung für das Unternehmen erwartungsgemäß mit einem Abfluss von Ressourcen mit wirtschaftlichem Nutzen verbunden ist. Weiterhin sind Sachverhalte nach Framework Paragraph 83 dann in der Bilanz oder GuV als Abschlussposten zu erfassen, wenn ein zukünftiger Nutzen Zu – bzw. Abfluss wahrscheinlich ist und die Anschaffungs- oder Herstellungskosten oder der Wert des Sachverhaltes verlässlich bewertet werden kann.

Bei Beurteilung des Ausgleichspostens aus Darlehensförderung mit Hilfe dieser Kriterien könnte man interpretieren, dass dem Krankenhaus ein ökonomischer Vorteil in Höhe der bewilligten Förderung des Kapitaldienstes entsteht. Die Fördermittel werden ratierlich über die Gesamtlaufzeit des Darlehens ausgezahlt. Letztlich führt die Aufnahme des Darlehens zu keiner Belastung des Krankenhauses in Höhe der Anschaffungskosten der Investition. Bei Ansatz der fortgeschriebenen Anschaffungskosten des Vermögenswertes und der jeweiligen Wertstellung des Darlehens ergeben sich bilanziell zeitlich befristete Differenzen. Aufgrund des in IAS 20.17 festgelegten Grundsatzes der periodengerechten Verteilung von Investitionszuwendungen über die Abschreibungsdauer des Anlagegutes ist eine Neutralisierung dieser Differenzen und damit ein Ansatz eines Ausgleichspostens für Darlehensförderung als geboten zu beurteilen. Eine Förderung für Investitionskredite stellt letztlich nur eine zahlungstechnisch besondere Form einer öffentlichen Zuwendung dar. (vgl. Lorke / Müller 2008, S. 111)

Interpretiert man diesen Sachverhalt, dass ein Ausgleichsposten aus Darlehensförderung nicht die Kriterien eines Vermögenswertes oder einer Schuld nach Framework erfüllt, so darf dieser nach IFRS 1.10 b nicht in der IFRS – Bilanz angesetzt werden. In diesem Fall wären Anpassungen, die aus Ereignissen und Geschäftsvorfällen vor dem Zeitpunkt des Übergangs auf die IFRS resultieren, zum Zeitpunkt des Übergangs auf IFRS direkt in den Gewinnrücklagen oder, falls zutreffender, in einer anderen Eigenkapitalkategorie zu erfassen. Sofern keine oder unzureichende Rücklagen bestehen, um den sich aus dem aktiven Ausgleichsposten aus Darlehensförderung ergebenden Sollsaldo zu verrechnen, ist der Verlustvortrag entsprechend zu erhöhen. (vgl. Penter / Kohler 2005, S. 86) Andererseits sind bei einem passiven Ausgleichsposten aus Darlehensförderung die entsprechenden Rücklagen zu erhöhen.

2. Ausgleichsposten aus Eigenmittelförderung

Wie bereits unter Gliederungspunkt 3.2.1.1.4 dargestellt wurde, besteht bei einem Ausgleichsposten aus Eigenmittelförderung ein Anspruch auf die Gewährung von Fördermitteln, und damit ein Zufluss wirtschaftlichen Nutzens, lediglich unter der aufschiebenden Bedingung z.B. des Ausscheidens des Krankenhauses aus dem Krankenhausplan. Somit ist fraglich ob dem Krankenhaus überhaupt ein zukünftiger ökonomischer Vorteil zufließt. Ein Sachverhalt ist nach Framework Paragraph 83 unter anderem dann in der Bilanz oder GuV zu erfassen, wenn ein zukünftiger Nutzenzufluss wahrscheinlich ist. Der Zufluss wirtschaftlichen Nutzens ist in Bezug auf den Ausgleichsposten aus Eigenmittelförderung in der Regel nicht wahrscheinlich. Daraus ergibt sich, dass eine Bilanzierung des Ausgleichspostens aus Eigenmittelförderung als Vermögenswert, nach IFRS nicht in Betracht kommt. (vgl. Lorke / Müller 2008, S.110)
Die Verrechnung mit dem Eigenkapital nach IFRS 1.11 erfolgt wie in diesem Abschnitt bereits beschrieben wurde, analog.

3.2.2 Unfertige Leistungen

3.2.2.1 Unfertige Leistungen – Bilanzierung nach HGB / KHBV

Krankenhäuser sind in ihrer Eigenart als Dienstleistungsunternehmen zu bezeichnen. Den Begriff „Dienstleistung" charakterisiert die stationäre Behandlung von Patienten. „ Daher ist die Ertragsrealisierung im Rahmen von Dienstleistungsverträgen von besonderer Bedeutung." (Koch 2007, S. 360) Zu den in Ausführung befindlichen Aufträgen von Dienstleistungsunternehmen und somit auch Krankenhäusern gehören die „unfertigen Leistungen". (vgl. Ellrott / Förschle / Hoyos / Winkeljohann 2006, S. 843) Soweit Dienstleistungen erbracht werden, die zum Abschlussstichtag noch nicht abgeschlossen sind, hat ein Ausweis in der Bilanz unter dem Vorratsposten „Unfertige Leistungen" zu erfolgen. (vgl. Ulmer 2002, S. 689) In einem Krankenhausbetrieb betrifft dies die sogenannten „Überlieger". Als „Überlieger" werden die Patienten bezeichnet, die vor dem Bilanzstichtag stationär aufgenommen und teilweise behandelt wurden, aber erst nach dem Bilanzstichtag abschließend behandelt und entlassen werden. (vgl. Penter / Kohler 2005, S. 67)

Stationäre Leistungen bzw. allgemeine Krankenhausleistungen für einen Behandlungsfall werden seit dem Jahr 2003, nach § 7 KHEntgG überwiegend mit Fallpauschalen, den sogenannten DRGs vergütet. (vgl. Koch 2007, S. 360) „Diagnosebezogene Fallgruppen (DRGs) stellen eine Methode dar, mit der sich stationäre Behandlungsepisoden von Patienten in Kategorien einteilen und messen lassen." (InEK 2008, S. 1) Vom Wesen her entsprechen DRGs einem Festpreisvertrag, bei dem die Erlöse anhand eines ab 2009 für jedes Bundesland einheitlichen Landesbasisfallwertes multipliziert mit der jeweiligen Bewertungsrelation, verlässlich ermittelt werden können. (vgl. Koch 2007, S. 360) Die Bewertungsrelation ist das Erlösäquivalent, das auf Basis einer Kostenkalkulation für jede DRG individuell festgelegt wird. Die Kostenkalkulation erfolgt über das Institut für das Entgeltsystem im Krankenhaus (InEK). „Da für die Zuordnung eines Behandlungsfalls zu den DRG – Fallpauschalen gemäß § 9 Abs. 1 Satz 1 Nr. 1 KHEntgG i.V.m. § 17b Abs. 1 Satz 10 KHG die Hauptdiagnosen und alle abrechnungsrelevanten Nebendiagnosen sowie die Behandlungen entsprechend der OPS – Verschlüsselung für den Krankenhausaufenthalt maßgeblich sind, wird eine Fallpauschalenleistung erst dann abrechnungsfähig, wenn der Patient entlassen ist und damit die Diagnosen und die Prozeduren feststehen." (IDW 2004, S. 527)

Erbrachte Fallpauschalenleistungen bei Patienten, die sich am Abschlussstichtag noch in Behandlung des Krankenhauses befinden (sogenannte „Überlieger"), sind daher als unfertige Leistungen nach HGB / KHBV zu aktivieren und in dem dafür vorgesehenen Posten innerhalb des Vorratsvermögens auszuweisen („unfertige Erzeugnisse, unfertige Leistungen KUGr. 106"). Die Erfassung der Forderung und der Umsatzerlöse erfolgt im Sinne des Realisationsprinzips in voller Höhe im Jahr der Entlassung des Patienten. (vgl. Brixius / Klöck / Schmitz 2004, S. 251)
Nach § 253 Abs. 1 Satz 1 HGB sind unfertige Leistungen mit ihren Herstellungskosten anzusetzen. Herstellungskosten sind nach § 255 Abs. 2 HGB die Aufwendungen, die durch den Verbrauch von Gütern und die Inanspruchnahme von Diensten für die Herstellung eines Vermögensgegenstands, seine Erweiterung oder für eine über seinen ursprünglichen Zustand hinausgehende wesentliche Verbesserung entstehen. Die „Überlieger - Patienten" betreffend, sind die Herstellungskosten die Aufwendungen, die zum Jahresabschlussstichtag in Bezug auf die anteilige Forderung des Krankenhauses aus der Behandlung entstanden sind. § 255 Abs. 2 HGB regelt explizit, welche Kostenbestandteile in die Herstellungskosten aufzunehmen sind und für welche ein Einbeziehungswahlrecht – oder verbot besteht. Die Herstellungskosten sollten grundsätzlich anhand einer Kostenstellen- und Kostenträgerrechnung ermittelt werden.

Die „unfertigen Leistungen" sind unter Beachtung des strengen Niederstwertprinzips zu bewerten. „ Eine niedrigere Bewertung als zu den tatsächlichen Herstellungskosten ist für unfertige Fallpauschalenleistungen insoweit erforderlich, als die voraussichtlichen Erlöse abzüglich aller noch anfallenden Kosten die Herstellungskosten nicht decken (verlustfreie Bewertung). Die Ermittlung eines niedrigeren beizulegenden Werts kann im Wege einer retrograden Bewertung der unfertigen Fallpauschalenleistungen durchgeführt werden." (IDW 2004, S. 528)

Für die Bewertung unfertiger Leistungen zum Abschlussstichtag wird in der einschlägigen Literatur, neben anderen Methoden, hauptsächlich die *retrograde Methode* in ihrer praktischen Anwendung beschrieben. Dabei gehen die meisten Modelle bei der Berechnung von den Erlösen bzw. DRGs aus und unterteilen sie zeitanteilig nach Belegungstagen in altes und neues Jahr. Die verschiedenen Ansätze unterscheiden sich in der Vorgehensweise bei der Aufteilung der Erlöse. Im einfachen retrograden Modell werden lediglich die gesamten DRG Erlöse zeitanteilig aufgeteilt. In komplexeren Modellen teilt man die Erlöse nach Partitionen auf, um beispielsweise die Operationskosten dem Jahr zuzurechnen, in dem eine Operation auch tatsächlich stattgefunden hat. Die Trennung der retrograd ermittelten Kosten von Behandlung und Operation ist ein Schritt in Richtung verursachungsgerechte Aufteilung der Kosten. Jedoch erfolgt diese Bewertung auf Basis der DRG – Erlöse und nicht auf Kostenbasis was nicht den handelsrechtlichen Vorschriften und den Vorgaben des IDW KHFA entspricht. Ferner ist eine verlustfreie Bewertung der Vorräte durch diese Vorgehensweise nicht sichergestellt. (vgl. PricewaterhouseCoopers WPG AG 2006, S. 30)

Die beschriebene retrograde Methode auf Basis der Erlöse entspricht der sogenannten *retrograden Ermittlung* welche nicht mit der *retrograden Bewertung* von unfertigen Leistungen auf Basis der Herstellungskosten zu verwechseln ist. Die retrograde Bewertung von unfertigen Leitungen steht unter dem sogenannten Grundsatz der verlustfreien Bewertung und entspricht damit den Vorgaben des IDW KHFA. (vgl. Ellrott / Förschle / Hoyos / Winkeljohann 2006, S. 523)

„Die Ermittlung der Herstellungskosten nach diesen handelsrechtlichen Regeln setzt grundsätzlich eine leistungsfähige Kostenrechnung voraus. Es ist dringend zu raten, die Entwicklung einer leistungsfähigen Kostenträgerrechnung voranzutreiben." (Brixius / Klöck / Schmitz 2004, S. 251) Tatsächlich ist eine solche in vielen Krankenhäusern noch nicht vorhanden. Dieses ist auch der Grund dafür, dass der Bilanzansatz für unfertige Leistungen aus Fallpauschalen nach der alten BPflV, in den meisten Häusern im Rahmen der retrograden Ermittlung auf Basis der Erlöse der jeweiligen Fallpauschale ermittelt wird. (vgl. Brixius /

Klöck / Schmitz 2004, S. 251) Man sollte jedoch davon ausgehen, dass mittlerweile, vor allem die privaten Krankenhauskonzerne sowie unter öffentlicher Trägerschaft stehende Universitätskliniken, leistungsfähige Kostenrechnungssysteme integriert haben.

Das folgende Beispiel soll in Anlehnung an PricewaterhouseCoopers AG WPG (2006) vereinfacht aufzeigen, wie ein Krankenhaus die Bewertung von unfertigen Leistungen („Überliegern") auf Basis von Herstellungskosten ermitteln könnte. Eine verursachungsgerechte Verteilung der Kosten auf die jeweiligen Kostenstellen ist hierbei eine wesentliche Voraussetzung. (vgl. ebd., S. 31 f.)

Hinweis: Die verwendeten Daten sind aus Vereinfachungsgründen frei gewählt. Eine Übereinstimmung mit reellen Daten wäre rein zufällig.

Die Wertermittlung der unfertigen Leistungen auf Basis der Herstellungskosten zum Jahresabschluss, kann in den folgenden Schritten erfolgen:

1. Ermittlung der Personal- und Sachkosten im OP
2. Ermittlung der gesamten Schnitt-Naht-Zeiten
3. Berechnung der OP- Kosten je Minute
4. Ermittlung der sonstigen Personal- und Sachkosten je Belegungstag
5. Ermittlung der Belegungstage (Anzahl der Patienten pro Jahr * Summe der Gesamtliegedauer aller Patienten)
6. Berechnung der sonstigen Personal- und Sachkosten
7. Ermittlung der durchschnittlichen Schnitt-Naht-Zeiten je Fallgruppe bei den „Überliegern"
8. Bewertung der OP – Leistungen bei den „Überliegern" (Schritt 7 * Schritt 3)
9. Bewertung der sonstigen Leistungen (Tage altes Jahr * Schritt 6)
10. Addition der Ergebnisse aus Schritt 8 (falls OP altes Jahr) und 9 ergibt die Gesamtkosten zum Bilanzstichtag
11. Berechnung der Restkosten für das neue Jahr
12. Ermittlung DRG – Erlös abzüglich Restkosten
13. Verlustfreie Bewertung: Ansatz des niedrigeren Wertes aus 10 und 12 zum 31.12.

Beispiel:

Ausgangsdaten:

Gesamtkosten	34000 TEUR
OP – Kosten	8000 TEUR
Sonstige Kosten	26000 TEUR
OP – Minuten pro Jahr	500.000 Minuten
OP – Kosten je Minute	16 EUR
Belegungstage pro Jahr	100.000
Sonstige Kosten je Tag	260 EUR

Fall: „Hüft-OP"

Aufnahme	23.12.2009
OP	28.12.2009
Entlassung	05.01.2010
Durchschnittliche Schnitt-Naht-Zeit Hüft-OP	120 Minuten

Bewertung:

Kosten je OP (Schritt 3 * Schritt 7)	120 Minuten * 16 EUR	= 1920 EUR
+ Sonstige Kosten (Tage altes Jahr*Schritt 6)	9 Tage * 260 EUR	= 2340 EUR
= Gesamtkosten bis 31.12.2009		= __4260 EUR__

Verlustfreie Bewertung:

DRG – Erlös		6300 EUR
- Restkosten neues Jahr	4 Tage * 260 EUR	= 1040 EUR
=		<u>5260 EUR</u>

→ Im Ergebnis wird der niedrigste Wert aus den „Gesamtkosten zum Bilanzstichtag" und dem „DRG – Erlös abzüglich der Restkosten im neuen Jahr", zum 31.12.2009 angesetzt. Die unfertige Leistung, hier im Einzelfall die Hüft – OP, wird mit einem Wert von 4260 EUR zum 31.12.2009 in der Bilanz des Krankenhauses angesetzt.

In der Praxis hat sich bewährt, eine erstmalige Zuordnung der Kosten auf der Konten / Kostenstellenebene vorzunehmen. Dieser einmalige Vorgang kann in den Folgejahren durch eine einfache Anpassung übernommen werden. Die Vorgehensweise entspricht den handelsrechtlichen Vorgaben sowie den Vorgaben des IDW KHFA und sollte bei einer gewissen Größenordnung der unfertigen Leistungen, wie beispielsweise in Unikliniken oder Krankenhäusern der Maximalversorgung, übernommen werden.
(vgl. PricewaterhouseCoopers WPG AG 2006, S. 32)

„Sofern der Wert der für eine noch nicht abgeschlossene Fallpauschalenleistung zu erwartenden Gegenleistung hinter den Wert der zu erbringenden eigenen Leistung, d.h. der auf das schwebende Geschäft entfallenden aktivierten Herstellungskosten zuzüglich der voraussichtlich noch anfallenden Aufwendungen, zurückbleibt, ist für den über die Abschreibung der unfertigen Leistungen auf ihren niedrigeren aus dem Börsen- oder Marktpreis abgeleiteten Wert, der den Vermögensgegenständen am Abschlussstichtag beizulegen ist, hinausgehenden Verlustanteil eine Rückstellung für drohende Verluste aus schwebenden Geschäften für das schwebende Absatzgeschäft zu bilden." (IDW 2004, S. 528)

Abschließend sei der Vollständigkeit halber erwähnt, dass neben den DRGs als Erlöskomponente auch sogenannte „Tagesgleiche Pflegesätze" für voll- und teilstationäre Leistungen, als Erlös für das Krankenhaus im Rahmen einer Patientenbehandlung in Betracht kommen können. „Tagesgleiche Pflegesätze in diesem Sinne sind die für die voll- oder teilstationären Leistungen psychiatrischer und psychosomatischer Krankenhäuser bzw. Abteilungen nach BPflV abzurechnenden Abteilungs- und Basispflegesätze, aber auch entsprechende Pflegesätze für besondere Einrichtungen nach § 17 b Abs. 1 S. 15 KHG sowie tagesbezogene Entgelte für Leistungen nach § 6 Abs. 1 KHEntgG." (Lorke / Müller 2008, S. 98)

„ Soweit für Patienten die allgemeinen Krankenhausleistungen weiterhin durch tagesgleiche Pflegesätze abgerechnet werden, wird von einer Realisierung der Leistungsvergütung (Pflegesätze * Berechnungstage) nicht erst nach Abschluss der Behandlung des Patienten, sondern ratierlich nach Berechnungstagen ausgegangen. Bei Patienten, die über den Abschlussstichtag hinaus im Krankenhaus verbleiben, sind daher keine unfertigen Leistungen, sondern Forderungen aus Lieferungen und Leistungen zu aktivieren. Übersteigt der Wert der noch zu erbringenden Leistungen (einschließlich des nicht abrechenbaren Entlassungstages) den Wert der zu erwartenden Gegenleistung, so ist eine Rückstellung für drohende Verluste aus schwebenden Geschäften zu bilden." (IDW 2004, S. 528)

3.2.2.2 Unfertige Leistungen – Bilanzierung nach IFRS

Die IFRS beinhalten konkrete Regelungen zu den Vorräten im IAS 2. Nach IAS 2.6 werden Vorräte folgendermaßen definiert:

Vorräte sind Vermögenswerte,

(a) die zum Verkauf im normalen Geschäftsgang gehalten werden;

(b) die sich in der Herstellung für einen solchen Verkauf befinden;
oder

(c) die als Roh-, Hilfs- und Betriebsstoffe dazu bestimmt sind, bei der Herstellung oder der Erbringung von Dienstleistungen verbraucht zu werden.

„Danach ist der Inhalt des Vorratsvermögens nach HGB /KHBV und IFRS nahezu deckungsgleich und umfasst Roh-, Hilfs- und Betriebsstoffe, unfertige Erzeugnisse, unfertige Leistungen sowie fertige Erzeugnisse und Waren." (Lorke / Müller 2008, S. 97)

Das Ziel des Ausweises von Vorräten nach IFRS ist in IAS 2.34 geregelt. Danach sollen die Aufwendungen zur Beschaffung oder Herstellung von Vermögenswerten möglichst so lange erfolgsneutral gehalten werden, als die damit verbundenen Erträge noch nicht realisiert sind. (vgl. Lorke / Müller 2008, S. 97)

Die Bewertung von Vorräten nach IFRS ist wie nach HGB / KHBV am strengen Niederstwertprinzip, vorwiegend gemessen am Absatzmarkt, orientiert. Nach IAS 2.9 sind Vorräte demnach mit dem niedrigeren Wert aus Anschaffungs- oder Herstellungskosten und

Nettoveräußerungswert zu bewerten. In die Anschaffungs- oder Herstellungskosten von Vorräten sind alle Kosten des Erwerbes und der Herstellung sowie sonstige Kosten einzubeziehen, die angefallen sind, um die Vorräte an ihren derzeitigen Ort und in ihren derzeitigen Zustand zu versetzen. (IAS 2.10) Der Nettoveräußerungswert bezieht sich auf den Nettobetrag, den ein Unternehmen aus dem Verkauf der Vorräte im Rahmen der gewöhnlichen Geschäftstätigkeit zu erzielen erwartet. Ebenso wie nach HGB / KHBV gilt nach IFRS das Gebot der Wertaufholung nach Wegfall der Gründe für eine außerplanmäßige Abschreibung der Vorräte. (vgl. IAS 2.33) Ein wesentlicher Unterschied zur Bewertung von Vorräten nach HGB / KHBV ist die anteilige Einbeziehung des Gewinns bei unfertigen Erzeugnissen sowie unfertigen Leistungen, wenn diese auf der Grundlage eines Fertigungsauftrages erstellt werden. (vgl. Penter / Kohler 2005, S.64) Die bilanzielle Behandlung eines Fertigungsauftrages nach IFRS könnte in einem Krankenhaus die sogenannten „Überlieger - Patienten", d.h. Patienten, die zum Bilanzstichtag zur stationären Behandlung aufgenommen aber noch nicht entlassen sind, betreffen. Dieser Aspekt soll im Folgenden erörtert werden.

Für die Behandlung von Überlieger – Patienten sind bis zum Bilanzstichtag Kosten angefallen. Je nach Art der Behandlung ist für den Patienten entweder ein tagesbezogenes Entgelt, wie beispielsweise Pflegesätze nach der BPflV für psychiatrische oder psychosomatische Krankenhäuser, oder eine DRG – Fallpauschale abzurechnen. (vgl. Lorke / Müller 2008, S. 97)

Werden bei Patienten tagesgleiche Pflegesätze fakturiert, so kann jeder Behandlungstag als abrechenbare Leistung eingestuft werden. Für alle zum Bilanzstichtag noch nicht entlassenen Patienten („Überlieger") eines Krankenhauses, die über tagesgleiche Pflegesätze vergütet werden, liegt somit eine Erlösrealisierung nach IAS 18 (Erträge) vor. Die Erlöse sind in Höhe der vor dem Bilanzstichtag erbrachten Behandlungstage multipliziert mit den Pflegesätzen, in der Bilanz unter den Leistungsforderungen und in der GuV als Umsatzerlöse auszuweisen. (vgl. Lorke / Müller 2008, S. 98) Diese Bilanzierung entspricht der Vorgehensweise nach HGB / KHBV. (vgl. 3.2.2.1)

Unterschiede zur Bilanzierung nach HGB / KHBV weist hingegen die Bewertung von „Überliegern" auf, deren Behandlung über DRG – Fallpauschalen abgerechnet wird. Wie unter Gliederungspunkt 3.2.2.1 bereits erläutert wurde, sind DRGs ein Patientenklassifikationssystem, das in einer klinisch relevanten und nachvollziehbaren Weise Art und Anzahl der behandelten Krankenhausfälle in Bezug zum Ressourcenverbrauch des

Krankenhauses setzt. (vgl. IneK 2008, S. 1) „Die gegenüber dem Patienten erbrachte Leistung ist in diesem Fall erst mit der Entlassung erbracht und mit der Entlassungsdiagnose inhaltlich bestimmt." (Lorke / Müller 2008, S. 98) Die Abrechnung eines Patienten über eine DRG – Fallpauschale stellt somit in Festpreissystem im Sinne von IAS 11.3 dar. Danach ist ein Festpreisvertrag ein Fertigungsauftrag, für den der Auftragnehmer (hier der Patient bzw. dessen Krankenversicherung) einen festen Preis pro Outputeinheit (umfasst die gesamte Behandlung bis zur Entlassung des Patienten) vereinbart. „Das Vertragsverhältnis zwischen Krankenhaus und Patient bzw. dessen Krankenkasse im System der gesetzlichen Krankenversicherung in Deutschland ist ein Verhältnis besonderer Art, das rechtlich am ehesten als Dienstleistungsvertrag einzustufen ist." (Lorke / Müller 2008, S. 98)

Nach IAS 18.20 sind Erträge aus Dienstleistungsgeschäften nach Maßgabe des Fertigstellungsgrades des Geschäftes am Bilanzstichtag zu erfassen, wenn das Ergebnis des Dienstleistungsgeschäftes verlässlich geschätzt werden kann. Daraus ergibt sich, dass für die pauschaliert abgerechneten „Überlieger"- Patienten die Anwendung der nach IAS 11.22 an sich für die langfristige Auftragsfertigung vorgesehene POC – Methode zulässig sein könnte, denn gemäß IAS 11.5 a zählen auch Verträge aus Dienstleistungsgeschäften, und somit auch eine über DRGs abgerechnete Krankenhausbehandlung, zu den Fertigungsaufträgen. (vgl. Lorke / Müller 2008, S. 98) Das Ergebnis derartiger Geschäfte kann dann verlässlich geschätzt werden, wenn die folgenden Bedingungen insgesamt erfüllt sind:

(a) Die Höhe der Erträge kann verlässlich bestimmt werden;
(b) es ist hinreichend wahrscheinlich, dass der wirtschaftliche Nutzen aus dem Geschäft dem Unternehmen zufließen wird
(c) der Fertigstellungsgrad des Geschäfte am Bilanzstichtag kann verlässlich bestimmt werden; und
(d) die für das Geschäft angefallenen Kosten und die bis zu seiner vollständigen Abwicklung zu erwartenden Kosten können verlässlich bestimmt werden.

Die Höhe der Erträge ist auf Basis der DRGs auf der Grundlage des Basisfallwertes und der jeweiligen Bewertungsrelation verlässlich ermittelbar.

„Der wahrscheinliche wirtschaftliche Nutzenzufluss ist dann gegeben, wenn die voll- oder teilstationäre Aufnahme des Patienten im Sinne des § 39 SGB V mit ausreichender Wahrscheinlichkeit (mehr als 50 %) berechtigt war." (Lorke / Müller 2008, S. 99) Dies ist in der Regel erfüllt.

Bei der Ermittlung des Fertigstellungsgrades kann man sich der medizinischen Dokumentation bedienen. Auf der Grundlage einfacher Informationen wie der Liegedauer, der Frage, ob die Operation vor oder nach dem Bilanzstichtag stattgefunden hat und der voraussichtlichen Gesamtliegedauer ist der Fertigstellungsgrad oder besser Behandlungsgrad hinreichend genau und zuverlässig ermittelbar. (vgl. Penter / Kohler 2005, S. 98)

Die zurechenbaren direkten und indirekten Kosten können, auch bei Fehlen einer individuellen, ausgeprägten Kostenträgerrechnung des Krankenhauses, auf Basis der Prämisse, dass die der Kalkulation des Instituts für das Entgeltsystem im Krankenhaus (InEK) zugrunde liegenden durchschnittlichen Kostenstrukturen mit denen des eigenen Krankenhauses vergleichbar sind, eindeutig unter Heranziehung der InEK – Daten für die jeweilige DRG abgeleitet werden. Dies entspricht der in vielen Krankenhäusern bei der Aufstellung des Jahresabschlusses nach HGB / KHBV angewendeten Vorgehensweise zur Bewertung der unfertigen Leistungen mit anteiligen Herstellungskosten. (vgl. Lorke / Müller 2008, S. 99)

Da „Überlieger – Patienten", die mittels einer DRG – Fallpauschale abgerechnet werden, die Voraussetzungen des IAS 18.20 erfüllen, erfolgt die Ertragserfassung dieser Patienten nach Maßgabe des Fertigstellungsgrades bzw. Behandlungsgrades. Diese Ertragserfassung wird auch als POC – Methode bezeichnet. (vgl. IAS 18.21 i.V.m IAS 11.22) Die Anwendung der POC – Methode nach IAS 11.22 bedeutet für die Bilanzierung, dass im Gegensatz zum HGB / KHBV eine Teilgewinnrealisierung zum Bilanzstichtag angenommen wird. Ein Ausweis unter den Vorräten als unfertige Leistungen ist nach IFRS damit nicht möglich. Es sind vielmehr die ermittelten anteiligen Herstellungskosten inklusive des geschätzten anteiligen Gewinns oder stattdessen unter Abzug eines Verlustanteils, unter den Forderungen aus Lieferungen und Leistungen zu aktivieren. Ein gängiges Verfahren zur Schätzung des Fertigstellungsgrads im Rahmen der POC – Methode ist die Kosten Verhältnismethode (Cost to Cost), bei der die bisher angefallenen Auftragskosten ins Verhältnis zu den Gesamtkosten des „Überlieger – Patienten" gesetzt werden. (vgl. Koch 2007, S. 359) Nach IAS 11.22 ist der sich voraussichtlich ergebende Verlust zum Bilanzstichtag sofort in voller Höhe als Aufwand zu erfassen. Der im alten Geschäftsjahr ausgewiesene Teilumsatz ist im neuen Geschäftsjahr zu stornieren und wird durch die nach Entlassung des Patienten erfolgte Fakturierung der DRG – Fallpauschale ersetzt. (vgl. Lorke / Müller 2008, S. 99)

Das nachfolgende, zusammenfassende Beispiel soll die Vorgehensweise bei der Bilanzierung und Bewertung von „Überliegern" nach IFRS aufzeigen. (vgl. Penter / Kohler 2005, S. 71 ff.)
<u>Hinweis:</u> Die verwendeten Daten sind aus Vereinfachungsgründen frei gewählt. Eine Übereinstimmung mit reellen Daten wäre rein zufällig.

Zusammenfassendes Beispiel - Bilanzierung und Bewertung von „Überliegern" nach IFRS unter Anwendung der POC – Methode (Cost to Cost) nach IAS 11.22:

Allgemeine Berechnung : Erlöse, Kosten, Gewinn / Verlust

- **Gesamterlös** = Basisfallwert * Bewertungsrelation (DRG – Fallpauschale)
- **Gesamtgewinn / - verlust** = Gesamterlös – Gesamtkosten
- **Gesamtkosten ohne Operation** = Gesamtkosten – Kosten der Operation
- **Gesamtkosten ohne Operation pro Liegetag** = Gesamtkosten ohne Operation / Gesamtliegetage
- **Kosten ohne Operation zum Bilanzstichtag** = Gesamtkosten ohne Operation pro Liegetag * Liegedauer am Bilanzstichtag
- **Anteilige Kosten zum Bilanzstichtag** = Kosten ohne Operation zum Bilanzstichtag + Kosten für die Operation
- **Behandlungsgrad** = Anteilige Kosten zum Bilanzstichtag / Gesamtkosten
- **Anteiliger Erlös zum Bilanzstichtag** = Gesamterlös * Behandlungsgrad
- **Anteilige Kosten zum Bilanzstichtag** = Gesamtkosten * Behandlungsgrad
- **Anteiliger Gewinn zum Bilanzstichtag** = Gesamtgewinn * Behandlungsgrad

Beispiel 1: Bilanzierung und Bewertung von „Überliegern nach IFRS" – Leistung mit Gewinn

Ausgangsdaten:

Basisfallwert *DRG* **Bewertungsrelation**	2900 EUR * 1,80
Gesamtliegedauer (in Tagen)	12
Voraussichtliche Gesamtkosten	4500 EUR
davon Kosten für die Operation	1100 EUR
Liegedauer am Bilanzstichtag (in Tagen)	6

Erlöse / Kosten /Gewinn:

Gesamterlös	5220 EUR
Gesamtkosten	4500 EUR
Gesamtgewinn	720 EUR
Kosten für die Operation	1100 EUR
Gesamtkosten ohne die Operation	3400 EUR
Gesamtkosten ohne die Operation pro Liegetag	283 EUR
Kosten ohne die Operation zum Bilanzstichtag	1698 EUR
Anteilige Kosten zum Bilanzstichtag	2798 EUR
Behandlungsgrad	62,18 %
Anteiliger Erlös zum Bilanzstichtag	3246 EUR
Anteilige Kosten zum Bilanzstichtag	2798 EUR
Anteiliger Gewinn zum Bilanzstichtag	448 EUR

Buchung 2009:

per *„Forderungen a. L. L. (noch nicht abgerechnet)"*

3246 TEUR

an

„Umsatzerlöse"

3246 TEUR

Buchung 2010 (Entlassungsjahr):

per *„Forderungen a. L. L."*

5220 TEUR

an

„Umsatzerlöse"

1974 TEUR

und

„Forderungen a. L. L. (noch nicht abgerechnet)"

3246 TEUR

Beispiel 2: Bilanzierung und Bewertung von „Überliegern" nach IFRS – Leistung mit Verlust

Ausgangsdaten:

Basisfallwert * Bewertungsrelation } DRG	2900 EUR * 1,80
Gesamtliegedauer (in Tagen)	12
Voraussichtliche Gesamtkosten	5800 EUR
davon Kosten für die Operation	1800 EUR
Liegedauer am Bilanzstichtag (in Tagen)	6

Erlöse / Kosten /Verlust:

Gesamterlös	5220 EUR
Gesamtkosten	5800 EUR
Gesamtverlust	- 580 EUR
Kosten für die Operation	1800 EUR
Gesamtkosten ohne die Operation	4000 EUR
Gesamtkosten ohne die Operation pro Liegetag	333 EUR
Kosten ohne die Operation zum Bilanzstichtag	1998 EUR
Anteilige Kosten zum Bilanzstichtag	3798 EUR
Behandlungsgrad	65,48 %
Anteiliger Erlös zum Bilanzstichtag	3418 EUR
Anteilige Kosten zum Bilanzstichtag	3798 EUR
Anteiliger Verlust zum Bilanzstichtag	- 380 EUR
Gesamtverlust	- 580 EUR
Voraussichtlicher Verlust im Folgejahr	- 200 EUR

Buchung 2009:

- per *„Forderungen a. L. L. (noch nicht abgerechnet)"*

3418 TEUR

an

„Umsatzerlöse"

3418 TEUR

- per *„Aufwand"*

200 TEUR

an

„Wertberichtigung auf Forderungen"

200 TEUR

Buchung 2010 (Entlassungsjahr):

- per *„Forderungen a. L. L."*

5220 TEUR

an

„Umsatzerlöse"

1802 TEUR

und

„Forderungen a. L. L. (noch nicht abgerechnet)"

3418 TEUR

- per *„Wertberichtigung auf Forderungen"*

200 TEUR

an

„Ertrag aus der Auflösung von Wertberichtigungen"

200 TEUR

3.3 Gewinn- und Verlustrechnung nach HGB / KHBV und IFRS – weitere krankenhausspezifische Posten und Sachverhalte

Die Gewinn- und Verlustrechnung nach HGB / KHBV ist ebenso ein erforderlicher Bestandteil eines Jahresabschlusses nach IFRS. Das Ergebnis führt zu einer Veränderung des Eigenkapitals. Wie auch nach HGB / KHBV wird die GuV nach IFRS als Unterkonto des Eigenkapitals geführt. Grundsätzlich sind in der GuV alle in einem Geschäftsjahr erfassten Ertrags- und Aufwandpositionen im Periodenergebnis zu berücksichtigen, es sei denn, ein Standard oder eine Interpretation schreibt etwas anderes vor. (vgl. Lorke / Müller 2008, S. 113)

Erträge und Aufwendungen werden nach HGB / KHBV nicht explizit definiert. Dagegen definieren die IFRS diese GuV – Posten folgendermaßen (Framework, Paragraph 70):

„Erträge stellen eine Zunahme des wirtschaftlichen Nutzens in der Berichtsperiode in Form von Zuflüssen oder Erhöhungen von Vermögenswerten oder einer Abnahme von Schulden dar, die zu einer Erhöhung des Eigenkapitals führen, welche nicht auf eine Einlage der Anteilseigner zurückzuführen ist." (Framework, Paragraph 70 a)

„Aufwendungen stellen eine Abnahme des wirtschaftlichen Nutzens in der Berichtsperiode in Form von Abflüssen oder Verminderungen von Vermögenswerten oder einer Erhöhung von Schulden dar, die zu einer Abnahme des Eigenkapitals führen, welche nicht auf Ausschüttungen an die Anteilseigner zurückzuführen ist." (Framework, Paragraph 70 b) Nach IAS 1.85 dürfen Erträge sowie Aufwendungen weder in der GuV noch im Anhang als außerordentliche Posten erfasst werden.

Aufbau und die Gliederung der GuV nach IFRS sind in IAS 1.78 ff. geregelt. (vgl. 3.1.2) Nach HGB / KHBV sind entweder die Gliederungsvorschriften nach § 275 HGB oder die Anlage 2 der KHBV anzuwenden. (vgl. Anhang) Nach IAS 1. 91 f. kann die GuV entweder nach dem Gesamtkostenverfahren oder dem Umsatzkostenverfahren gegliedert werden. Dies entspricht den Gliederungsvorschriften des § 275 HGB. Im Rahmen der Anlage 2 KHBV wird ausschließlich das Gesamtkostenverfahren angewendet. (vgl. Anhang) Da die IFRS die Gliederung der GuV nach dem Gesamtkostenkostenverfahren ebenso zulassen wie eine weitere Untergliederung einzelner Posten (vgl. IAS 1.71 f.), kann die GuV eines Krankenhauses in weitgehender Übereinstimmung mit Anlage 2 KHBV gegliedert werden. Der signifikante Unterschied liegt im Ausweis der gemäß KHBV vorgeschriebenen Erträge und Aufwendungen im Zusammenhang mit der Investitionsförderung von Krankenhäusern. (vgl. 3.2.1.1) Nach IFRS ist dieser Ausweis nicht zulässig. (vgl. 3.2.1.2) „Lediglich soweit der Bruttoausweis für gefördertes Anlagevermögen gewählt wird, d.h. die gewährten

Investitionszuwendungen in Form eines Passivischen Abgrenzungspostens ausgewiesen werden, ergibt sich in der GuV ein Ausweis aus der Auflösung des Passivischen Abgrenzungspostens." (Lorke / Müller 2008, S. 115) Von den Unterschieden in der Berücksichtigung der Investitionsförderung abgesehen ergeben sich keine wesentlichen Unterschiede zwischen HGB / KHBV und IFRS bezüglich des Ansatzes von Erträgen und Aufwendungen in der GuV. Deshalb soll an dieser Stelle auf tiefer gehende Ausführungen verzichtet werden. (vgl. Lorke / Müller 2008, S. 115)

Die folgenden Ausführungen beziehen sich auf ausgewählte krankenhausrelevante Sachverhalte und Posten der GuV nach HGB / KHBV und IFRS. In diesem Zusammenhang sollen die beiden Rechnungslegungssysteme gegenübergestellt werden und somit Gemeinsamkeiten aber auch Unterschiede herausgefiltert werden.

1. Umsatzerlöse

Nach IAS 18.7 lassen sich Umsatzerlöse als, aus der gewöhnlichen Tätigkeit eines Unternehmens resultierender Bruttozufluss wirtschaftlichen Nutzens während eines laufenden Geschäftsjahres, definieren. „Hierunter fallen auch wiederkehrende Erlöse, welche nicht direkt aus dem Kerngeschäft resultieren, aber dennoch die gewöhnliche Geschäftstätigkeit betreffen. In einem Krankenhaus können das z.B. Mieterträge sein oder *Erträge aus Hilfs- und Nebenbetrieben* wie der Apotheke. Diese Erträge sind somit abweichend zum HGB bzw. der KHBV nach IFRS als Umsatzerlöse auszuweisen." (Lorke / Müller 2008, S. 115)
Die folgenden Posten sind somit in der GuV als Umsatzerlöse auszuweisen. Außer den Erträgen aus Hilfs – und Nebenbetrieben stimmen die als Umsatzerlöse ausgewiesenen Posten nach HGB / KHBV und IFRS überein:

- Erlöse aus Krankenhausleistungen
- Erlöse aus ärztlichen und nichtärztlichen Wahlleistungen
- Erlöse aus ambulanten Leistungen des Krankenhauses
- Nutzungsentgelte der Ärzte
- Erträge aus Hilfs- und Nebenbetrieben → **(nur IFRS)**

Die *Erlöse aus Krankenhausleistungen* umfassen grundsätzlich die Erlöse für die innerhalb eines Geschäftsjahres entlassenen Patienten (sogenannte Inlieger und Überlieger am

Jahresanfang). Diese Betrachtung stimmt mit der Behandlung dieses Postens nach HGB / KHBV im Wesentlichen überein. Abweichend zum HGB / KHBV sind nach den IFRS jedoch auch die bis zum Bilanzstichtag erbrachten Leistungen an den sogenannten „Überlieger" – Patienten unter den Umsatzerlösen auszuweisen. (vgl. 3.2.2.2)

Die *Erlöse aus ambulanten Leistungen des Krankenhauses* enthalten Leistungen der Krankenhäuser einschließlich ärztlicher Leistungen, bei denen das Krankenhaus Vertragspartner des Patienten ist. Dies trifft insbesondere auf die folgenden Erlöse zu:

- Erlöse aus Notfallbehandlungen
- Erlöse aus Polikliniken
- Erlöse aus Chefarztambulanzen, soweit das Krankenhaus Vertragspartner des Patienten ist und der Arzt im Innenverhältnis an den Erlösen beteiligt wird
- Erlöse aus ambulanten Operationen nach § 115 b SGB V

Besonders hinzuweisen ist auf die Abgrenzungsproblematik für Abrechnungen der Kassenärztlichen Vereinigung (KV). Den Kassenärztlichen Vereinigungen gehören automatisch alle Ärzte an, die zur ambulanten Behandlung von Kassenpatienten zugelassen sind. Die Abrechnungen der Kassenärztlichen Vereinigung gehen den Krankenhäusern mit erheblicher zeitlicher Verzögerung zu, so dass bis zum Bilanzstichtag stets nur Abrechnungen für die ersten beiden Quartale vorliegen. In diesem Fall sind nach HGB / KGBV die Erlöse sachgerecht und unter Beachtung des Vorsichtsprinzips zu schätzen und entsprechend unter den Erlösen zu verbuchen. Unterschiede in der Verbuchung nach IFRS ergeben sich in diesem Zusammenhang nicht. (vgl. PricewaterhouseCoopers AG WPG 2006, S. 59)

2. Integrierte Versorgung

Nach § 140a SGB V können Krankenkassen Verträge über eine verschiedene Leistungssektoren übergreifende Versorgung der Versicherten oder eine interdisziplinär-fachübergreifende Versorgung mit beispielsweise Krankenhausträgern abschließen. Besteht ein solches Vertragsverhältnis bzw. nimmt ein Krankenhaus an der sogenannten Integrierten Versorgung aktiv teil, dann sind die Erlöse aus der integrierten Versorgung nach HGB / KHBV sowie nach IFRS in der GuV des Krankenhauses unter den Umsatzerlösen auszuweisen. Nach § 140c SGB V wird die Vergütung aus integrierter Versorgung in den Verträgen zwischen Krankenkasse und Krankenhausträger festgelegt. Wird ein

Pauschalentgelt (Komplexpauschale) für die sektorübergreifende Behandlung von Patienten vereinbart und erfolgt die Behandlung in Kooperation mit anderen Leistungserbringern wie beispielsweise REHA – Zentren, dann hat die Aufteilung der Komplexpauschale auf die einzelnen Leistungserbringer im Rahmen der vertraglichen Bedingungen zu erfolgen. Wenn das Krankenhaus als einziger Leistungserbringer auftritt, dann ist die Komplexpauschale vollständig in den Umsatzerlösen und die Anteile anderer Leistungserbringer als Aufwendungen für bezogene Leistungen auszuweisen. Diese Vorgehensweise ist nach HGB / KHBV und IFRS identisch. (vgl. Lorke / Müller 2008, S. 116 f.)

3. Ausbildungsfinanzierung

„Im Rahmen der Einführung des DRG – Entgeltsystem wurde im zweiten Fallpauschalenänderungsgesetz vom 15.12.2004 auch die Ausbildungsfinanzierung von Krankenhäusern mit dem Ziel geändert, dass die Kosten der Ausbildung nicht nur durch die ausbildenden Krankenhäuser, sondern auch durch die nicht ausbildenden Krankenhäuser getragen werden sollen, damit Wettbewerbsverzerrungen vermieden werden." (Lorke / Müller 2008, S. 117) § 17a Abs. 6 KHG legt fest, dass alle ausbildenden und nicht ausbildenden Krankenhäuser den stationären Patienten bzw. deren Sozialleistungsträgern einen Ausbildungszuschlag in Rechnung zu stellen haben. Diese in Rechnung gestellten Zuschläge sind vom jeweiligen Krankenhaus an einen auf Landesebene eingerichteten Ausgleichsfond abzuführen. Tatsächlich sind jedoch erst in wenigen Bundesländern die zur Finanzierung der Ausbildungskosten von Krankenhäusern vorgesehenen Ausgleichsfonds eingerichtet worden. Ist das der Fall, stellt sich die Frage der bilanziellen Behandlung der abgerechneten Ausbildungszuschläge. Existiert jedoch ein Ausgleichsfond, handelt es sich nach HGB / KHBV und IFRS bei den erhaltenen abgerechneten Zuschlägen und der Abführung an den Ausgleichsfond um einen durchlaufenden Posten. Dieser weist demnach keinen Ertragscharakter auf. (vgl. Lorke / Müller 2008, S. 117)

Eine andere Sichtweise ergibt sich jedoch dann, wenn ausbildende Krankenhäuser Zahlungen aus dem Ausgleichsfond bzw. den ergänzend erhaltenen Zuschlägen aus einem gesonderten Ausbildungsbudget im Rahmen der Ausbildungsfinanzierung erhalten. „ Bis dato waren bei den ausbildenden Krankenhäusern die Ausbildungskosten im Erlösbudget enthalten. Sie wurden im Budgetzeitraum 2005 ausgegliedert und seitdem mit den Sozialleistungsträgern bzw. dem Ausgleichsfond jährlich in Form eines gesonderten Ausbildungsbudgets neu vereinbart. Damit wurde dem Umstand Rechnung getragen, dass in den DRG –

Kostenkalkulationen des InEK keine Ansätze für Ausbildungstätigkeit enthalten sind. Die von den ausbildenden Krankenhäusern aufgrund des vereinbarten Ausbildungsbudgets gegenüber den Patienten in Rechnung gestellten Zuschläge bzw. die aus dem Ausgleichsfond erhaltenen Zahlungen stellen Ertrag des Krankenhauses dar, da sie dem Krankenhaus – zweckgebunden – für die Finanzierung der mit der Ausbildungsstätte verbundenen Kosten und Mehrkosten der Ausbildungsvergütung verbleiben." (Lorke / Müller 2008, S. 118)

Nach IFRS sind Umsatzerlöse als Erträge aus der gewöhnlichen Tätigkeit eines Unternehmens definiert. Die Zahlungen durch den Ausgleichsfond bzw. der Ausbildungszuschläge an die ausbildenden Krankenhäuser können als Erträge aus der gewöhnlichen Tätigkeit des Krankenhausunternehmens eingeordnet werden. Damit kann nach IFRS aber auch nach HGB / KHBV ein Ausweis dieser Zahlungen unter den Umsatzerlösen erfolgen. (vgl. Lorke / Müller 2008, S.118)

4. Erlöse aus ärztlichen und nichtärztlichen Wahlleistungen / Nutzungsentgelte der Ärzte

Krankenhausunternehmen treffen in der Regel mit leitenden Ärzten bzw. Chefärzten Vereinbarungen, wonach diese die Räumlichkeiten des Krankenhauses für sogenannte wahlärztliche Leistungen nutzen können. Diese Leistungen können an stationären und ambulanten Patienten des Krankenhauses sowie an eigenen ambulanten Patienten des leitenden Arztes erbracht werden. Im Rahmen der Vertragsgestaltung zwischen Krankenhaus und Arzt kann das Liquidationsrecht der wahlärztlichen Leistung entweder durch den Arzt selbst oder durch das Krankenhaus ausgeübt werden. In letzteren Fall würde das Krankenhaus die Einkünfte als *Erlöse aus ärztlichen Wahlleistungen* selbst vereinnahmen. In der Regel sehen die Vertragsgestaltungen dann vor, dass der jeweilige Arzt an den anfallenden Einnahmen anteilig beteiligt wird. Der Betrag der anteiligen Beteiligung wäre dann aus der Perspektive des Krankenhauses als Personalaufwand zu erfassen, der für den jeweiligen Arzt der Lohnsteuer unterworfen werden muss. Wenn der Arzt die ärztlichen Wahlleistungen auf eigene Rechnung erbringt, entstehen dem Krankenhaus in Höhe des Abgabenanteils, den der Arzt vertragsgemäß an das Krankenhaus zu leisten hat, *Erlöse aus Nutzungsentgelten der Ärzte*. (vgl. Lorke / Müller 2008, S. 118)

Durch die eben erläuterte Möglichkeit der unterschiedlichen Vertragsgestaltung von wahlärztlichen Leistungen stellt sich die Frage, ob die unterschiedliche Abbildung in der GuV nach HGB / KHBV auch nach IFRS anwendbar ist. Die Beurteilung kann mit Hilfe der

Erlösdefinition nach IFRS vorgenommen werden, für die es zwei Ansätze gibt (vgl. Lüdenbach / Hoffmann 2007, S. 1172):

- die sogenannte *„broad performance view"*: Dieser Ansatz stellt darauf ab, ob das rechnungsstellende Unternehmen die Leistung selbst erbringt oder ob sie nur Durchlaufcharakter hat;
- die sogenannte *„liability extinguishment view"*: Dieser Ansatz stellt den rechtlich geschuldeten Leistungsumfang in den Mittelpunkt.

Wenn der jeweilige Arzt die wahlärztliche Leistung auf eigene Rechnung erbringt, hat dieser ein unmittelbares Vertragsverhältnis mit dem Patienten. In diesem Zusammenhang ist der Arzt nicht nur Leistungsschuldner, sondern auch Rechnungsteller. Eine Leistung des Krankenhauses am Patienten liegt in diesem Fall nicht vor. Dies unterstreicht die „liability extinguishment view", die den rechtlich geschuldeten Leistungsumfang in den Mittelpunkt stellt (hier: Vertragsverhältnis zwischen Arzt und Patient). Demnach ist in der GuV des Krankenhauses kein Erlös aus der ärztlichen Wahlleistung auszuweisen. Da das Krankenhaus dem Arzt im Zusammenhang mit der wahlärztlichen Leistung Räumlichkeiten sowie Personal- und Sachmittel bereitstellt, erbringt es eine Nebenleistung, für die es ein Entgelt in Höhe des vertraglich festgelegten Abgabenanteils des Arztes erhält. Dieser Betrag ist als Erlös aus Nutzungsentgelten der Ärzte auch nach IFRS auszuweisen.

Ist das Krankenhaus durch vertragliche Gestaltung ermächtigt, die Erlöse aus ärztlichen Wahlleistungen selbst zu vereinnahmen, kommt es zu einer unmittelbaren Leistungsbeziehung zwischen Krankenhaus und Patient. Leistungsschuldner ist in diesem Fall das Krankenhaus und nicht der behandelnde Arzt. Der Leitende Arzt wird nur im Rahmen seines Arbeitsvertrages mit dem Krankenhaus tätig. Das Entgelt der Leistung kann somit vollständig vom Krankenhaus vereinnahmt werden. Nach HGB / KHBV wird dieser Erlös im Rahmen des sogenannten Bruttoausweises - Erlöse aus ärztlichen Wahlleistungen abzüglich des Personalaufwands in Höhe des Arztanteils an den anfallenden Einnahmen – in der GuV ausgewiesen. Dieser Ausweis ist auch nach den Grundsätzen der IFRS sachgerecht.
(vgl. Lorke / Müller 2008, S. 119)

5. Drittmittel - Forschungsgelder

Krankenhäuser bzw. Krankenhausunternehmen erhalten von staatlichen Unternehmen aber auch Pharmaunternehmen Zuschüsse für Forschungstätigkeiten entweder für spezifische Forschungsprojekte aber auch für die Grundlagenforschung. Diese Mittel sind bei Bewilligung auch zweckgerichtet zu verwenden. Die Bilanzierung der Forschungsgelder erfolgt nach HGB / KHBV sowie IFRS analog zur Bilanzierung von Fördermitteln. (vgl. 3.2.1) Demnach werden die Forschungsaufwendungen in der GuV durch die anteilige Auflösung des Sonderpostens (HGB / KHBV) bzw. des Passivischen Abgrenzungspostens (IFRS) über das jeweilige Ertragskonto neutralisiert (sogenannte Bruttomethode). Nach IFRS besteht alternativ die Möglichkeit der Anwendung der sogenannten Nettomethode. Demnach kann der Ausweis in der GuV auch als Kürzung der Forschungsaufwendungen um den Betrag der zugewiesenen Forschungsgelder vorgenommen werden. „Die exakte Kostenverteilung im Zusammenhang mit Forschungsprojekten ist in der Praxis mit erheblichen Schwierigkeiten verbunden, so dass man hier häufig auf überschlägige Berechnungen zurückgreift." (Lorke / Müller 2008, S. 120)

3.4 Der Komponentenansatz

IAS 16 regelt die Methoden zur Bilanzierung von Sachanlagen. Für die Zugangsbewertung sind die Anschaffungs- oder Herstellungskosten heranzuziehen. Die Folgebewertung erfolgt entweder mit fortgeführten Anschaffungs- oder Herstellungskosten nach IAS 16.30 oder zum fortgeführten beizulegenden Zeitwert nach IAS 16.31 ff. Der anzusetzende Wert ermittelt sich aus den Anschaffungs- oder Herstellungskosten bzw. dem beizulegenden Zeitwert abzüglich der kumulierten planmäßigen und ggf. außerplanmäßigen Abschreibungen bzw. Zuschreibungen. Im Vordergrund steht im Rahmen des Anschaffungskostenmodells insbesondere die systematische, ergebniswirksame Verteilung der Anschaffungs- oder Herstellungskosten über die Nutzungsdauer des Vermögenswerts, während dessen wirtschaftliches Nutzenpotenzial realisiert wird (vgl. Lüdenbach / Hoffmann 2007, S.383). Um eine dem tatsächlichen Abnutzungs- und damit Wertverlauf möglichst planmäßige Abschreibung zu erreichen, wird in IAS 16.43 ff. der ***Komponentenansatz*** festgeschrieben. Danach kann jeder Teil einer Sachanlage (Komponente) mit einem bedeutsamen Anschaffungswert im Verhältnis zum gesamten Wert des Gegenstands getrennt abgeschrieben werden, sofern sie einem von anderen Komponenten abweichenden Abnutzungsverlauf unterliegen. Die Abschreibung des gesamten Vermögenswerts ergibt sich dann als Summe der Abschreibungen seiner Komponenten. Die Folge des Komponentenansatzes ist regelmäßig eine Beschleunigung des Abschreibungsverlaufs der relevanten Sachanlage. (vgl. Mujkanovic 2008, S. 246)

Nach IAS 16.44 sind bei erstmaligem Ansatz einer Sachanlage deren wesentliche Bestandteile zu identifizieren und trotz bilanzieller Abbildung des einheitlichen Vermögenswerts in der Buchführung als Komponenten separat zu erfassen und zu bewerten. Für den externen Adressaten des Abschlusses werden die Komponenten weder aus der Bilanz noch aus dem Anhang ersichtlich. Unerheblich für die Bestimmung wesentlicher Bestandteile ist, ob sie selbstständig verwertbar sind. Die Identifikation wesentlicher Bestandteile im Zugangszeitpunkt kann sich am Verhältnis der Kosten des Bestandteils in Relation zu den Kosten des gesamten Vermögenswerts orientieren. (vgl. Mujkanovic 2008, S. 246)

Nach IAS 16.45 ist eine gesonderte Abschreibungsberechnung für Komponenten nur dann erforderlich, wenn sich wesentliche Unterschiede im Abschreibungsverlauf im Vergleich zur zusammengefassten Berechnung für den gesamten Vermögenswert oder für mehrere Komponenten mit vergleichbarem Abnutzungsmuster ergeben. Über die verpflichtende Zerlegung eines Vermögenswerts hinaus kann sich ein Unternehmen nach IAS 16.47 auch für die getrennte Abschreibung der Bestandteile eines Vermögenswertes entscheiden, deren Anschaffungskosten im Verhältnis zu den gesamten Anschaffungskosten des Gegenstands nicht signifikant sind. Zur Ermittlung der Abschreibungsbeträge der einzelnen Komponenten sind die allgemeinen Regelungen zur Ermittlung der Abschreibung von Vermögenswerten nach IAS 16.50 ff. maßgebend. Die zu verrechnenden Abschreibungsbeträge ergeben sich zunächst aus dem Abschreibungsvolumen, das entweder durch die Anschaffungs- oder Herstellungskosten oder bei Neubewertung durch den beizulegenden Zeitwert, ggf. abzüglich eines wesentlichen Restwerts, bestimmt wird. Die Abschreibungsmethode soll den Abnutzungsverlauf widerspiegeln. Die Nutzungsdauer bestimmt sich nach der erwarteten tatsächlichen betriebsindividuellen Nutzungsdauer.

„Für die Vornahme außerplanmäßiger Abschreibungen nach den Regelungen von IAS 36 spielt der Komponentenansatz zunächst keine Rolle, weil die diesbezüglichen Regelungen auf die Bewertung von Vermögenswerten mit ihrem erzielbaren Betrag abstellen. Da nach Vornahme außerplanmäßiger Abschreibungen nach IAS 36.63 jedoch die planmäßigen Abschreibungen anzupassen sind, ergibt sich in diesem Fall das Problem, die über außerplanmäßige Abschreibungen erfassten Wertminderungsbeträge für den einzelnen

Vermögenswert auf seine Komponenten zu verteilen, um das Restabschreibungsvolumen der Komponenten zu bestimmen. Weder IAS 36 noch IAS 16 geben für ein Verfahren zur Verteilung des Wertminderungsaufwands auf Komponenten Hinweise. Da ein Vermögenswert selbst als sogenannte zahlungsmittel - generierende Einheit aus seinen Komponenten anzusehen ist, erscheint aus systematischer Sicht die Verwendung der Regelung von IAS 36.104 (b) für die Verteilung des Wertminderungsbetrags sachgerecht. Danach erfolgt die Verteilung des auf einen Vermögenswert entfallenden Wertminderungsbetrags auf seine Komponenten im Verhältnis der Buchwerte der Komponenten." (Mujkanovic 2008, S. 247)

Bedeutung hat der Komponentenansatz auch im Zusammenhang mit der Bilanzierung nachträglicher Anschaffungs- oder Herstellungskosten. IAS 16.12 ff. stellen in diesem Zusammenhang auf die Erfüllung der allgemeinen Ansatzkriterien nach IAS 16.7 ab. Danach sind nachträgliche Anschaffungs- oder wie beispielsweise Malerarbeiten, als laufender Aufwand zu erfassen. Kosten für andere Maßnahmen sind jedoch zu aktivieren, sofern die Aktivierungskriterien nach IAS 16.7 erfüllt sind. Werden bei den Maßnahmen Komponenten oder Teile einer Sachanlage ersetzt oder entfernt, ist der anteilige Restbuchwert der abgegangenen Komponenten oder Teile nach IAS 16.13 als Abgang zu buchen.(vgl. Mujkanovic 2008, S. 247)

Den Regelungen zur Bestimmung planmäßiger Abschreibungen liegt nach IFRS zwar ein ähnliches Konzept wie der Abschreibungsermittlung nach HGB / KHBV zugrunde. Jedoch ist nach IFRS der Zwang zur Orientierung an den tatsächlichen Verhältnissen bezüglich der Bestandteile des Abschreibungsplans ausgeprägter, als aufgrund der herrschenden Meinung nach HGB / KHBV. Fraglich ist, ob der diesem Ziel dienende Komponentenansatz nach IAS 16, d.h. die „Atomisierung" eines einheitlichen Vermögenswerts in gesondert abzuschreibende Komponenten, im Rahmen einer Rechnungslegung nach HGB / KHBV *anwendbar* ist. Um den Komponentenansatz als anwendbar zu beurteilen, müsste er mit den Voraussetzungen für planmäßige Abschreibungen nach HGB / KHBV vereinbar sein.

Die handelsrechtliche Abschreibung muss nach herrschender Meinung den betriebsindividuellen Gegebenheiten und Erwartungen an den abzuschreibenden Vermögensgegenstand dadurch Rechnung tragen, dass eine sinnvolle, nicht willkürliche Verteilung der Anschaffungs- oder Herstellungskosten erfolgt. Dabei soll die Vornahme planmäßiger Abschreibungen unter Beachtung der GoB ein zutreffendes Bild der Vermögens-

und Ertragslage ermöglichen. Dieser Aufgabe dient auch der Komponentenansatz nach IFRS. Er soll im Vergleich zu einer einheitlichen Abschreibung des gesamten Vermögenswerts der Ermittlung einer dem tatsächlichen Nutzenverlauf des Vermögenswerts entsprechenden planmäßigen Abschreibung dienen. Der Komponentenansatz unterstützt dieses Ziel, in dem durch die differenzierte Behandlung der Komponenten eine tatsachengetreuere Abgrenzung des Periodenaufwands vorgenommen werden kann als bei einheitlicher Abschreibung des Vermögensgegenstands. Die Abschreibungsaufwendungen können den korrespondierenden Erträgen aus dem Vermögensgegenstand eindeutiger zugerechnet werden. § 253 Abs. 3 Satz 1 HGB die Vornahme planmäßiger Abschreibungen auf Vermögensgegenstände und nicht auf Komponenten von Vermögensgegenständen. Daraus ist jedoch nicht zu schließen, dass der Komponentenansatz nach HGB / KHBV nicht anwendbar ist. Das Gesetz fordert ein planmäßiges Vorgehen bei der Ermittlung der Abschreibungsbeträge und damit die Festlegung eines Abschreibungsplans regelmäßig mit Zugang des Vermögensgegenstands. Diese Anforderung wird durch den Komponentenansatz erfüllt. Die Anschaffungs- oder Herstellungskosten des Vermögensgegenstands werden mit Zugang des Vermögensgegenstands auf die Komponenten verteilt. Für die Komponenten sind dann Teilabschreibungspläne festzulegen. Die Summe der Teilabschreibungspläne ergibt den Abschreibungsplan für den gesamten Vermögensgegenstand. Der Komponentenansatz erfüllt damit die Anforderung an die Planmäßigkeit. Diese ist sogar besser als eine einheitliche Abschreibung des gesamten Vermögensgegenstands erfüllt, da der Komponentenansatz zu planmäßigen Abschreibungen führt, die stärker an den tatsächlichen Verhältnissen orientiert sind. Nach der Klärung der Anwendbarkeit des Komponentenansatzes in einem HGB-Abschluss stellt sich die Frage, ob er auch *anwendungspflichtig* ist. Nach herrschender Meinung werden an die Wahl einer Abschreibungsmethode keine strengen Anforderungen gestellt. Wenn schon für die Abschreibungsmethode solch wenig strenge Anforderungen gelten sollen, könnte geschlossen werden, dass die Anwendung eines der zutreffenden Ermittlung der Abschreibungsbeträge dienenden Komponentenansatzes nicht gefordert werden kann. Der Komponentenansatz muss jedoch auch nach IAS 16 nur dann angewandt werden, wenn hierdurch wesentliche Auswirkungen auf die Abschreibungsbeträge resultieren. Damit kommt es aber auch zu wesentlichen Auswirkungen auf die Darstellung der Erfolgs- wie auch der Vermögenslage. Somit ergäbe sich schon aus der Generalnorm des § 264 Abs. 2 HGB in Fällen wesentlicher Auswirkungen eine Verpflichtung zur Anwendung des Komponentenansatzes. Dieses Ergebnis wird unterstützt durch die Auffassung des EuGH zur herausragenden Bedeutung des Grundsatzes der Bilanzwahrheit und der Bedeutung der IFRS als Grundlage für die Füllung von Regelungslücken im europäischen und damit auch nationalen Bilanzrecht. Im Ergebnis gibt es gute Gründe für eine Anwendungspflicht des Komponentenansatzes auch im Rahmen einer Rechnungslegung nach HGB / KHBV. (vgl. Mujkanovic 2008, S. 249 f.)

Für Krankenhäuser könnte der Komponentenansatz vor allen Dingen im Bereich der Aktivierung von Gebäuden und deren Abschreibungen interessant sein. Da Krankenhausgebäude unter Umständen besondere Vermögensgegenstände wie beispielsweise technische Anlagen aufweisen, die in „normalen" Bürogebäuden nicht integriert sind und in den Anwendungsbereich des Komponentenansatzes fallen, können demzufolge auch Abschreibungsverläufe beeinflusst werden indem das Krankenhausgebäude in einzelne Bestandteile mit unterschiedlicher technischer oder wirtschaftlicher Nutzungsdauer unterteilt wird. Dies hat speziell dann Auswirkungen, wenn eine Baumaßnahme eines Krankenhausgebäudes nur anteilig gefördert ist und in Höhe des Eigenanteils aus der Baumaßnahme eine wirtschaftliche Belastung des Krankenhauses mit anteiligen Abschreibungsbeträgen entsteht. (vgl. Lorke / Müller 2008, S. 25) Bei Anwendung des Komponentenansatzes könnte die wirtschaftliche Belastung der Periode aus den eben erwähnten Abschreibungsbeträgen unter Umständen minimiert werden.

3.5 Kapitalflussrechnung

Gemäß IAS 1.8 ist eine Kapitalflussrechnung Pflichtbestandteil jedes vollständigen IFRS – Abschlusses. Die Aufstellung einer Kapitalflussrechnung ist in IFRS bzw. IAS 7 geregelt. Nach § 264 Abs. 1 Satz 1 HGB (BilMoG) haben die gesetzlichen Vertreter einer kapitalmarktorientierten Kapitalgesellschaft, die nicht zur Aufstellung eines Konzernabschlusses verpflichtet ist, den Jahresabschluss unter anderem um eine Kapitalflussrechnung zu erweitern. Diese Neuerung im Rahmen des Gesetzesbeschlusses des BilMoG ist in soweit erwähnenswert, als das vor der Beschlussfassung die Kapitalflussrechnung ausschließlich für den Konzernabschluss verpflichtend war (vgl. § 297 Abs. 1 HGB). Inhalt und Aufbau der Kapitalflussrechnung nach IAS 7 entsprechen weitgehend den Anforderungen des deutschen Rechnungslegungsstandard Nr. 2 (DRS 2), der für die handelsrechtliche Rechnungslegung maßgeblich ist. (vgl. Lorke / Müller 2008, S. 123) Grundlegende Zielsetzung der Kapitalflussrechnung ist die Bereitstellung von Informationen über die Bewegungen von Zahlungsmitteln und Zahlungsmitteläquivalenten eines Unternehmens innerhalb einer Berichtsperiode bzw. eines Geschäftsjahres. Diese Informationen über die Cashflows eines Unternehmens vermitteln dem Abschlussadressaten eine Möglichkeit den Liquiditätsbedarf des Unternehmens abzuschätzen sowie eine Grundlage zur Beurteilung der Fähigkeit eines Unternehmens, Zahlungsmittel und Zahlungsmitteläquivalente zu erwirtschaften. Hinsichtlich des Informationsgehaltes zu zukünftigen Potenzialen und Risiken sind jedoch naturgemäß enge Grenzen gesetzt, da die Kapitalflussrechnung keine Prognosedaten enthält. (vgl. Penter / Kohler 2005, S. 113)

Nach IAS 7.10 hat die Kapitalflussrechnung Angaben über die Herleitung des Bestandes des Nettogeldvermögens zu enthalten und ist in die folgenden drei Bereiche aufgegliedert:

- *Cashflow aus der betrieblichen Tätigkeit*
- *Cashflow aus der Investitionstätigkeit* (Anschaffung und Veräußerung von Anlagevermögen)
- *Cashflow aus der Finanzierungstätigkeit* (Aufnahme und Tilgung von Darlehen, Kapitaleinlagen, Dividenden)

Da im Rechnungswesen regelmäßig nur Aufzeichnungen über Aufwendungen und Erträge, nicht aber über Einzahlungen und Auszahlungen vorliegen, erfolgt die Ermittlung des Cashflows in der Praxis nahezu ausschließlich nach der sogenannten indirekten Methode (vgl. IAS 18 b). In diesem Rahmen wird das Periodenergebnis eines Unternehmens um Auswirkungen von nicht zahlungswirksamen Geschäftsvorfällen, Abgrenzungen oder Rückstellungen von vergangenen oder künftigen betrieblichen Ein- oder Auszahlungen sowie um Ertrags- und Aufwandsposten, die dem Investitions- oder Finanzierungsbereich zuzurechnen sind, berichtigt.

Die Zuordnung der Finanzmittelströme zu den Bereichen betriebliche Tätigkeit, Investitionstätigkeit und Finanzierungstätigkeit ist in IAS 7.13 – 7.17 vorgegeben. „ Die Summe dieser drei Bereiche stellt als Netto – Cashflow die Veränderung des Nettogeldvermögens dar. Zum Nettogeldvermögen werden Zahlungsmittel und Zahlungsmitteläquivalente gezählt. Zahlungsmitteläquivalente sind nach IAS 7.6 kurzfristige, äußerst liquide Finanzinvestitionen, die jederzeit in bestimmte Zahlungsmittelbeträge umgewandelt werden können und nur unwesentlichen Wertschwankungen unterliegen. Zahlungsmitteläquivalente sind innerhalb eines Zeitraumes von maximal drei Monaten zu realisieren. Grundsätzlich werden nur aktive Bestandsposten einbezogen. Eine Saldierung mit kurzfristigen Verbindlichkeiten erfolgt somit nicht. Von diesem Saldierungsverbot sind jedoch nach IAS 7.8 solche Kontokorrentkredite ausgenommen, die im Rahmen eines Cash – Managements regelmäßig als kurzfristige Finanzierungsinstrumente eingesetzt werden und regelmäßig zwischen Aktiv – und Passivseite schwanken können. (vgl. Lorke / Müller 2008, S. 124)

Die Ermittlung der Cashflows im Rahmen der Kapitalflussrechnung erfolgt im Sinne des IAS 7 nach folgendem Grundschema (indirekte Methode):

-       Periodenergebnis
- + / -   Nicht zahlungswirksame Aufwendungen und Erträge
- + / -   Veränderungen des Nettoumlaufvermögens
- + / -   Umgliederungen zu anderen Tätigkeitsbereichen (Investitionsbereich, Finanzierungsbereich)
- =   ***Cashflow aus betrieblicher Tätigkeit (nach IAS 7.20)***

- (-) Erwerb / (+) Veräußerung von
- langfristigen Vermögenswerten (immaterielle Vermögenswerte, Sachanlagen, Finanzanlagen)
- sonstigen Finanzinvestitionen in Schuld- oder Eigenkapitalinstrumente, die nicht zu den Zahlungsmitteläquivalenten gehören
- =   ***Cashflow aus der Investitionstätigkeit (nach IAS 7.18)***

- +   Einzahlungen aus der Ausgabe von Anteilen oder anderen Eigenkapitalinstrumenten
- -   Auszahlungen für Dividenden und den Erwerb eigener Anteile, sonstige Rückzahlungen an Aktionäre / Gesellschafter
- +   Einzahlungen aus der Aufnahme von Krediten, Anleihen
- -   Auszahlungen aus der Tilgung von Krediten, Anleihen
- =   ***Cashflow aus der Finanzierungstätigkeit (nach IAS 7.17)***

Hinsichtlich des Aufbaus der Kapitalflussrechnung für Krankenhausunternehmen gibt es grundsätzlich keine Besonderheiten. Auch hier wird in der Praxis generell die indirekte Methode angewendet. Diese Methode bietet dem Abschlussadressaten zwar einen geringeren Informationsgehalt als die direkte Methode (vgl. IAS 7.18 a) ist aber hinsichtlich der Informationsbereitstellung durch den Abschlussersteller wesentlich einfacher zu handhaben. Die Daten für die Kapitalflussrechnung können bei der indirekten Methode relativ unkompliziert aus der Bilanz und GuV des Krankenhausunternehmens abgeleitet werden. Bei der direkten Methode ist eine zusätzliche Erfassung von Geschäftsvorfällen nach ihrer Zahlungswirksamkeit erforderlich. (vgl. Penter / Kohler 2008, S. 115)

Die Besonderheit liegt in der Finanzierungsstruktur von (Plan-) Krankenhäusern. Der in § 4 KHG verankerte Grundsatz der dualen Finanzierung von Krankenhäusern legt fest, dass Krankenhäuser wirtschaftlich gesichert werden indem einerseits deren laufender Krankenhausbetrieb im Wesentlichen durch die Leistungen der Sozialleistungsträger finanziert wird und Investitionen für Sachanlagen, Gebäude, etc. auf Antrag grundlegend durch die Bundesländer übernommen werden. Bei einer konsequenten Umsetzung dieser Finanzierungsstruktur bestehen keine Beziehungen zwischen den Bereichen betriebliche Tätigkeit und Finanzierungstätigkeit auf der einen Seite und dem Bereich Investitionstätigkeit auf der anderen Seite. Eine Förderquote von 100 % impliziert, dass das geförderte Krankenhaus weder erwirtschaftete Mittel sowie Fremdkapital für die Finanzierung von Investitionen benötigt. Der Investitionsbereich wäre in diesem Fall wirtschaftlich unabhängig. Die im Krankenhausunternehmen gegebenenfalls vorgehaltenen Liquiditätsreserven sind in diesem Fall bei Abgrenzung des Finanzmittelfonds unberücksichtigt zu lassen. IAS 7.6 ff. geht ausdrücklich davon aus, dass der Finanzmittelfond ausschließlich für allgemeine Finanzierungszwecke zur Verfügung steht. „Liquide Mittel, die aus ausgereichten Fördermitteln für Investitionszwecke stammen, sind nicht frei verfügbar, sondern müssen für den definierten Förderzweck eingesetzt werden." Eine separate Darstellung des Fördermittelbereichs in der Kapitalflussrechnung wäre daher empfehlenswert. (Penter / Kohler 2005, S. 115)

Die Praxis der aktuellen Krankenhausfinanzierung weicht von dem Idealbild insofern ab, als die Fördermittelfinanzierungsquoten regelmäßig deutlich unter einer 100% - Finanzierung liegen. Insofern sind Abschreibungen und Finanzierungsaufwendungen auch aus dem laufenden Geschäft zu verdienen. Da Abschreibungen und Zinsen nicht in die von Sozialleistungsträgern gezahlten Entgelte (z.B. DRGs nach KHEntgG) für die Erbringung von Krankenhausleistungen eingepreist werden, sind alternative Geschäftsmodelle zu erarbeiten, die die entsprechenden Mittel generieren können bzw. es sind aus den sonstigen laufenden Entgelten für Krankenhausleistungen entsprechende Überschüsse zu erwirtschaften, sogenannte Eigenmittelfinanzierung. Im Rahmen der Kapitalflussrechnung ist diesen besonderen Gegebenheiten bei der Darstellung des Liquiditätsflusses Rechnung zu tragen. Ein sich aus der Investitionsförderung ergebender Mittelzufluss und dessen Verwendung sollte daher für Informationszwecke dem Bereich Investitionstätigkeit zugeordnet werden. Aus der Kapitalflussrechnung sollte in diesem Zuge ersichtlich sein, wenn aus der Investitionsförderung ausgezahlte aber noch nicht zweckentsprechend verwendete Barmittel vorhanden sind. Die folgenden Zusatzinformationen sind demnach in die Kapitalflussrechnung in den Bereich des *Cashflow aus Investitionstätigkeit* aufzunehmen. (vgl. Lorke / Müller 2008, S. 125):

+ Einzahlungen aus der Auszahlung bewilligter Fördermittel
+ Einzahlungen aus geförderten Anlagenabgängen
- Auszahlungen für geförderte Investitionen
- Rückzahlung von Fördermitteln
+ / - Umfinanzierungen

Die Abbildungen 12 und 13 zeigen Kapitalflussrechnungen aus dem Geschäftsjahr 2008 von zwei privaten Krankenhausträgergesellschaften in Deutschland, der Helios Kiniken GmbH und der Sana Kliniken AG. Die praktische Umsetzung zeigt die Besonderheit der Erfassung des Fördermittelbereichs unter dem Bereich Investitionstätigkeit.

Die Helios Kliniken GmbH weist den Fördermittelbereich in drei Positionen aus:

- Zufluss von Fördermitteln (+ 59,8 Mio. EUR)
- Erwerb von Sachanlagen – eigenmittelfinanziert (134,8 Mio. EUR)
- Erwerb von Sachanlagen – fördermittelfinanziert (- 59,8 Mio. EUR)

Es ist festzustellen, dass die Fördermittel im Geschäftsjahr 2008 vollständig verwendet wurden. Die zusätzliche Position „Erwerb von Sachanlagen – eigenmittelfinanziert" verbessert hinsichtlich der Darstellung des Fördermittelbereichs, den Informationsgehalt der Kapitalflussrechnung.

Die Sana Kliniken AG weist den Fördermittelbereich in zwei Positionen aus:

- Erhaltene Zuwendungen der öffentlichen Hand (+ 45.071 TEUR)
- Erwerb von gefördertem Anlagevermögen (- 36.133 TEUR)

Der Kapitalflussrechnung der Sana Kliniken AG aus dem Geschäftsjahr 2008 ist zu entnehmen, dass die erhaltenen Fördermittel nicht vollständig investiert wurden. Daraus könnte man unterschiedliche Szenarien schließen. Eine separate Position, die den aus Eigenmitteln finanzierten Anteil ausweist wäre für Informationszwecke auch in diesem Rahmen empfehlenswert. Abschließend ist zu bemerken, dass es für die Bezeichnung, der den Fördermittelbereich eines Krankenhausunternehmens charakterisierenden Positionen innerhalb der Kapital-flussrechnung, keine gesetzlichen Vorgaben gibt. Dieser Aspekt wird aus den in Abbildung 11 und 12 vorgestellten Kapitalflussrechnungen ersichtlich.

1. Januar bis 31. Dezember [in Mio €]	2008	2007
Jahresüberschuss (vor Ergebnisabführung)	70,5	63,9
Abschreibungen	76,1	65,7
Veränderung der Pensionsrückstellungen und ähnlichen Verpflichtungen	(0,3)	(2,5)
Auf andere Gesellschafter entfallender Gewinn	12,0	10,9
Veränderung Working Capital	65,2	64,8
Veränderung der Vorräte	0,7	0,6
Veränderung der Forderungen aus Lieferungen und Leistungen	(1,4)	(24,6)
Veränderung der Forderungen gegenüber verbundenen Unternehmen	1,7	38,8
Veränderung der sonstigen Rückstellungen	21,2	7,2
Veränderung der Verbindlichkeiten aus Lieferungen und Leistungen	(3,0)	(1,4)
Veränderung der Verbindlichkeiten gegenüber verbundenen Unternehmen	1,9	(11,4)
Veränderung der sonstigen Forderungen / Verbindlichkeiten	45,1	55,6
Gewinn/Verlust aus dem Verkauf von Sachanlagen	0,5	(0,2)
Mittelzufluss/-abfluss aus laufender Geschäftstätigkeit	**225,0**	**202,6**
Zufluss Fördermittel[1]	59,8	77,5
Erwerb von Sachanlagen – eigenmittelfinanziert	(134,8)	(149,1)
Erwerb von Sachanlagen – fördermittelfinanziert	(59,8)	(77,5)
Erlöse aus dem Verkauf von Sachanlagen	3,5	12,1
Akquisition/Veräußerung von Anteilen an verbundenen Unternehmen und Beteiligungen, netto	(1,9)	(94,5)
Zugang/Abgang liquider Mittel aus Unternehmenskäufen/-verkäufen	5,4	7,8
Mittelzufluss/-abfluss aus Investitionstätigkeit	**(127,7)**	**(223,7)**
Ergebnisabführung an Gesellschafter	(65,0)	(41,1)
Veränderung des gezeichneten Kapitals	0,0	0,0
Veränderung von Darlehen von verbundenen Unternehmen	(14,3)	62,1
Veränderung kurzfristiger Darlehen – Eigenmittel	6,4	(5,6)
Veränderung langfristiger Darlehen und aktivierter Leasingverträge (inkl. kurzfristig fälliger Teil)	(29,4)	(2,4)
Veränderung sonstiger finanzieller Aktivitäten	0,0	(0,7)
Veränderung Anteile anderer Gesellschafter	(0,3)	0,8
Mittelzufluss/-abfluss aus Finanzierungstätigkeit	**(102,5)**	**13,1**
Zunahme / Abnahme flüssiger Mittel	**(5,2)**	**(8,0)**
Flüssige Mittel am Anfang des Jahres	**50,1**	**58,1**
Flüssige Mittel am Ende des Jahres	**44,9**	**50,1**

Abbildung 12: Kapitalflussrechnung der Helios Kliniken GmbH – Geschäftsbericht 2008

(Helios Kliniken GmbH 2009, S. 142)

(1) Zufluss Fördermittel aus Zuführung zum Sonderposten KHG; die übrigen Veränderungen aus fördermittelrelevanten Positionen sind in den jeweiligen KFR-Positionen enthalten

Konzern-Kapitalflussrechnung für das Geschäftsjahr 2008

	2008	2007
	TEUR	TEUR
Betriebliche Tätigkeit		
Ergebnis vor Steuern	44.036	33.485
Anpassungen zur Überleitung des Ergebnisses vor Steuern auf Netto-Cashflows		
Zahlungsunwirksam:		
Abschreibungen und Wertminderungen	43.022	47.579
Verlust/Gewinn aus Anlageabgängen	1.479	-1.826
Erfolgswirksam erfasster Überschuss aus Erstkonsolidierung	0	-11.946
Überschuss bei Erwerb von Minderheitsanteilen	-2.876	0
Anteil am Ergebnis assoziierter Unternehmen	-1.050	-1.913
Netto-Zinsaufwand	15.943	17.742
Veränderung der langfristigen Rückstellungen und Pensionsrückstellungen	-3.724	750
Veränderung des Nettoumlaufvermögens:		
Abnahme/Zunahme der Forderungen und Vorräte	393	-5.494
Abnahme der Schulden	-4.348	-12.849
Gezahlte Ertragsteuern	-11.082	-4.532
Netto-Cashflows aus betrieblicher Tätigkeit	**81.793**	**60.996**
Investitionstätigkeit		
Erlöse aus der Veräußerung von langfristigen Vermögenswerten	5.743	4.821
Erwerb von Sachanlagen	-47.388	-33.018
Erwerb von immateriellen Vermögenswerten	-7.645	-4.364
Erwerb von anderen langfristigen finanziellen Vermögenswerten	-645	0
Auszahlungen für Unternehmenszusammenschlüsse nach Abzug der erworbenen Zahlungsmittel und Erwerb von Minderheitsanteilen	-899	1.228
Erhaltene Zinsen	5.637	4.255
Erwerb von gefördertem Anlagevermögen	-36.133	-62.328
Erhaltene Zuwendungen der öffentlichen Hand	45.071	42.518
Netto-Cashflows aus Investitionstätigkeit	**-36.259**	**-46.888**
Finanzierungstätigkeit		
Einzahlung aus Einlagen der Gesellschafter	20.000	20.000
Einzahlung aus Einlagen von Minderheiten	379	0
Tilgung von Schulden aus Finanzierungsleasing	-4.185	-2.416
Zahlungseingänge aus der Aufnahme von Darlehen	64.983	57.333
Tilgung von Darlehen	-44.410	-75.027
Gezahlte Zinsen	-22.215	-21.997
An die Anteilseigner des Mutterunternehmens gezahlte Dividenden	-7.200	-5.200
An die Minderheitsgesellschafter gezahlte Dividenden	-1.475	-1.056
Netto-Cashflows aus Finanzierungstätigkeit	**5.877**	**-28.363**
Nettozunahme von Zahlungsmitteln und Zahlungsmitteläquivalenten	51.411	-14.255
Zahlungsmittel und Zahlungsmitteläquivalente zum 1. Januar	97.305	111.560
Zahlungsmittel und Zahlungsmitteläquivalente zum 31. Dezember	**148.716**	**97.305**

Abbildung 13: Kapitalflussrechnung der Sana Kliniken AG – Geschäftsbericht 2008

(Sana Kliniken AG 2009, S. 75)

4. Schlussbemerkungen

Die Struktur dieses Fachbuches beruht einerseits auf Gesprächen mit diversen Akteuren aus dem Gesundheitswesen sowie einer Auswahl einschlägiger und vor allem aktueller Literatur.

Der zweite Teil sollte dem Leser Grundlagen vermittelt haben, die ausschlaggebend für die Besonderheiten der Rechnungslegung von Krankenhäusern sind.

Im dritten Teil dieser Abhandlung wurde die Rechnungslegung von Krankenhäusern anhand einer aktuellen Gegenüberstellung des nationalen Rechnungslegungssystems (HGB / KHBV) und des internationalen Rechnungslegungssystems (IFRS) erläutert. Der materielle Unterschied liegt in der Vorgehensweise der beiden Systeme. Diesbezüglich ergeben sich auch keine wesentlichen Änderungen durch den Gesetzesentwurf des Bilanzmodernisierungsgesetzes. Während das HGB / KHBV den Gedanken des Gläubigerschutzes und der Kapitalerhaltung (Vorsichtsprinzip) in den Vordergrund stellt, sind nach IFRS entscheidungsrelevante Informationen für die Jahresabschlussadressaten relevant. Diese Grundsätze wirken sich ferner wie dargestellt auf die bilanzielle Vorgehensweise aus. Die zentrale Besonderheit der Krankenhausbranche bilden der Fördermittelbereich und die damit verbundene duale Finanzierung deutscher Krankenhäuser. Diese Finanzierungsstruktur hat wie aufgezeigt besondere Auswirkungen auf die Rechnungslegung und Jahresabschlusserstellung von Krankenhäusern und grenzt diese von anderen Branchen ab. Die Anwendung der IFRS ist aktuell vorwiegend bei privaten Krankenhauskonzernen zu beobachten. Eine breite Übernahme dieser Rechnungslegungsvorschriften seitens anderer Krankenhausgesellschaften bleibt abzuwarten. Vorteile könnten in diesem Zusammenhang die Vergleichbarkeit sowie ein besserer Zugang zum Kapitalmarkt sein. Nachteile ergeben sich aus der hohen Komplexität der IFRS – Vorschriften und deren aufwendiger Implementierung in die jeweilige Organisationsstruktur.

Zwar kann einem Anspruch auf Vollständigkeit, auf Grund der breiten Individualität, nicht Rechnung getragen werden, dennoch sollten die wesentlichen Zusammenhänge und Problemkreise der nationalen und internationalen Rechnungslegung deutscher Krankenhäuser vermittelt worden sein.

Auch wenn es um sehr viel Geld geht, sollte der Mensch bzw. Patient und dessen Gesundheit, im Zuge zunehmenden Wettbewerbs und erhöhter Anforderungen im deutschen Krankenhausmarkt, nicht vergessen werden.

Anhang

(1.) Gliederung der Bilanz nach Anlage 1 KHBV

Gliederung der Bilanz *)

Aktivseite

A. Ausstehende Einlagen auf das gezeichnete/festgesetzte Kapital (KGr. 00), ...
   davon eingefordert   ....

B. Anlagevermögen:
   I. Immaterielle Vermögensgegenstände
      1. Selbst geschaffene gewerbliche Schutzrechte und ähnliche Rechte und Werte (KUGr. 0901)   ....
      2. entgeltlich erworbene Konzessionen, gewerbliche Schutzrechte und ähnliche Rechte und Werte sowie Lizenzen an solchen Rechten und Werten (KUGr. 0902)   ....
      3. Geschäfts- oder Firmenwert (KUGr. 0903)   ....
      4. geleistete Anzahlungen (KUGr. 091)   ....

   II. Sachanlagen:
      1. Grundstücke und grundstücksgleiche Rechte mit Betriebsbauten einschließlich der Betriebsbauten auf fremden Grundstücken (KGr. 01; KUGr. 050, 053) ....
      2. Grundstücke und grundstücksgleiche Rechte mit Wohnbauten einschließlich der Wohnbauten auf fremden Grundstücken (KGr. 03, KUGr. 052; KUGr. 053, soweit nicht unter 1.) ....
      3. Grundstücke und grundstücksgleiche Rechte ohne Bauten (KGr. 04) ....
      4. technische Anlagen (KGr. 06) .   ...
      5. Einrichtungen und Ausstattungen (KGr. 07) ....
      6. geleistete Anzahlungen und Anlagen im Bau (KGr. 08) ....

   III. Finanzanlagen:
      1. Anteile an verbundenen Unternehmen (KUGr. 092) ++) ..   ..
      2. Ausleihungen an verbundene Unternehmen (KUGr. 093) ++) ..   ..
      3. Beteiligungen (KUGr. 094) ....
      4. Ausleihungen an Unternehmen, mit denen ein Beteiligungsverhältnis besteht (KUGr. 095) ++) ....
      5. Wertpapiere des Anlagevermögens (KUGr. 096) ..   ..
      6. sonstige Finanzanlagen

                (KUGr. 097) ....
                    davon bei Gesellschaftern bzw.
                    dem
                    Krankenhausträger ....
C. Umlaufvermögen:
    I.   Vorräte:
            1. Roh-, Hilfs- und Betriebs-
               stoffe (KUGr. 100-105) ....
            2. unfertige Erzeugnisse,
               unfertige Leistungen
               (KUGr. 106) ....
            3. fertige Erzeugnisse und
               Waren (KUGr. 107) ....
            4. geleistete Anzahlungen
               (KGr. 11) ....

    II.   Forderungen und sonstige
          Vermögensgegenstände:
            1. Forderungen aus Lieferungen
               und Leistungen (KGr. 12), ...
               davon mit einer Restlaufzeit
               von mehr als einem
                    Jahr ....
            2. Forderungen an Gesellschafter
               bzw. den Krankenhausträger
               (KUGr. 160), ...
               davon mit einer Restlaufzeit
               von mehr als einem
                    Jahr ....
            3. Forderungen nach dem
               Krankenhausfinanzierungsrecht
               (KGr. 15), ...
               davon nach der BPflV
                    (KUGr. 151), ...
               davon mit einer Restlaufzeit
               von mehr als einem
                    Jahr ....
            4. Forderungen gegen verbundene
               Unternehmen (KUGr. 161) ++), ...
               davon mit einer Restlaufzeit
               von mehr als einem
                    Jahr ....
            5. Forderungen gegen Unternehmen,
               mit denen ein Beteiligungs-
               verhältnis besteht
               (KUGr. 162) ++), ...
               davon mit einer Restlaufzeit
               von mehr als einem
                    Jahr ....
            6. sonstige Vermögensgegenstände
               (KUGr. 163), ...
                                                           ----
               davon mit einer Restlaufzeit
               von mehr als einem
                    Jahr ....
    III. Wertpapiere des Umlaufvermögens
          (KGr. 14), ...
          davon Anteile an verbundenen
          Unternehmen
                    (KUGr. 140) ++) ....
    IV: Schecks, Kassenbestand,
          Bundesbank- und Postgiroguthaben,

	Guthaben bei Kreditinstituten (KGr. 13)	....
D.	Ausgleichsposten nach dem KHG:	
	1. Ausgleichsposten aus Darlehensförderung (KUGr. 180)	....
	2. Ausgleichsposten für Eigenmittelförderung (KUGr. 181)	....

E.	Rechnungsabgrenzungsposten:	
	1. Disagio (KUGr. 170)	....
	2. andere Abgrenzungsposten (KUGr. 171)	....

F.	Aktive latente Steuern (KGr. 19) ++)	....
G.	Aktiver Unterschiedsbetrag aus der Vermögensverrechnung	....
H.	Nicht durch Eigenkapital gedeckter Fehlbetrag	....

....
================

Passivseite

A. Eigenkapital:
1. Gezeichnetes/festgesetztes Kapital (KUGr. 200) ....
2. Kapitalrücklagen (KUGr. 201) ....
3. Gewinnrücklagen (KUGr. 202) .....
4. Gewinnvortrag/Verlustvortrag (KUGr. 203) ....
5. Jahresüberschuß/Jahresfehlbetrag (KUGr. 204) ....

B. Sonderposten aus Zuwendungen zur Finanzierung des Sachanlagevermögens:
1. Sonderposten aus Fördermitteln nach dem KHG (KGr. 22) ....
2. Sonderposten aus Zuweisungen und Zuschüssen der öffentlichen Hand (KGr. 23) ....
3. Sonderposten aus Zuwendungen Dritter (KGr. 21)

C. Rückstellungen:
1. Rückstellungen für Pensionen und ähnliche Verpflichtungen (KGr. 27) ....
2. Steuerrückstellungen (KUGr. 280) ..
3. sonstige Rückstellungen (KUGr. 281)

D. Verbindlichkeiten:
1. Verbindlichkeiten gegenüber Kreditinstituten (KGr. 34), ...
    davon gefördert nach dem KHG,
    davon mit einer Restlaufzeit bis zu einem Jahr
2. erhaltene Anzahlungen (KGr. 36), ..
    davon mit einer Restlaufzeit bis zu einem Jahr

3. Verbindlichkeiten aus Lieferungen
und Leistungen (KGr. 32), ...
   davon mit einer Restlaufzeit bis
      zu einem Jahr   ....
4. Verbindlichkeiten aus der Annahme
gezogener Wechsel und der
Ausstellung eigener Wechsel
(KGr. 33), ...
   davon mit einer
      Restlaufzeit bis
      zu einem Jahr   ....
5. Verbindlichkeiten gegenüber
Gesellschaftern bzw. dem
Krankenhausträger (KUGr. 370), ...
   davon mit einer
      Restlaufzeit bis
      zu einem Jahr   ....
6. Verbindlichkeiten nach dem Krankenhausfinanzierungsrecht (KGr. 35), ...
   davon nach der BPflV
      (KUGr. 351), ...
   davon mit einer Rest-
      laufzeit bis zu
      einem Jahr   ....
7. Verbindlichkeiten aus sonstigen
Zuwendungen zur Finanzierung
des Anlagevermögen
(KUGr. 371), ...
   davon mit einer Rest-
      laufzeit bis zu
      einem Jahr   ....
8. Verbindlichkeiten gegenüber
verbundenen Unternehmen
(KUGr. 372) ++), ...
   davon mit einer Rest-
      laufzeit bis zu
      einem Jahr   ....
9. Verbindlichkeiten gegenüber
Unternehmen, mit denen ein
Beteiligungsverhältnis besteht
(KUGr. 373) ++), ...
   davon mit einer Rest-
      laufzeit bis zu
      einem Jahr   ....
10. sonstige Verbindlichkeiten
(KUGr. 374), ...
                                                 ----
    davon mit einer
       Restlaufzeit bis
       zu einem Jahr   ....
E. Ausgleichsposten aus Darlehens-
   förderung (KGr. 24)   ....
F. Rechnungsabgrenzungsposten (KGr. 38) ..   ..
G. Passive latente Steuern (KGr. 39) ++) .   ...

                                                                ....
                                                                ================

Haftungsverhältnisse: ....

-----
*) Die Klammerhinweise auf den Kontenrahmen entfallen in der Bilanz.
++) Ausweis dieser Posten nur bei Kapitalgesellschaften.

(2.) Gliederung der Gewinn – und Verlustrechnung nach Anlage 2 KHBV

Gliederung der Gewinn- und Verlustrechnung *)

1. Erlöse aus Krankenhausleistungen
   (KGr. 40)................................. ....
2. Erlöse aus Wahlleistungen (KGr. 41) ....
3. Erlöse aus ambulanten Leistungen des
   Krankenhauses (KGr. 42) ....
4. Nutzungsentgelte der Ärzte (KGr. 43) ....
5. Erhöhung oder Verminderung des Bestandes
   an fertigen und unfertigen
   Erzeugnissen/unfertigen Leistungen
   (KUGr. 550 u. 551) ....
6. andere aktivierte Eigenleistungen
   (KUGr. 552) ....
7. Zuweisungen und Zuschüsse der
   öffentlichen Hand, soweit nicht unter
   Nr. 11 (KUGr. 472) ....
8. sonstige betriebliche Erträge ....

   (KGr. 44, 45; KUGr. 473, 520; KGr. 54,
   57, 58; KUGr. 591, 592),
   davon aus Ausgleichsbeträgen für
   frühere Geschäftsjahre (KGr. 58) ....
9. Personalaufwand
   a) Löhne und Gehälter (KGr. 60, 64) ....
   b) soziale Abgaben und Aufwendungen für
      Altersversorgung und für Unterstützung
      (KGr. 61-63), ...
      davon für Altersversorgung
         (KGr. 62)   ....
10. Materialaufwand
    a) Aufwendungen für Roh-, Hilfs- und
       Betriebsstoffe ....
       (KUGr. 650; KGr. 66 ohne Kto. 6601, 6609,
       6616 und 6618; KGr. 67; KUGr. 680; KGr. 71)
    b) Aufwendungen für bezogene Leistungen .. ..
       -------- -----------
       (KUGr. 651 Kto. 6601, 6609, 6616 und 6618;
       KUGr. 681)

Zwischenergebnis ....

11. Erträge aus Zuwendungen zur Finanzierung
    von Investitionen (KGr. 46;
    KUGr. 470, 471), ...
    davon Fördermittel nach dem
          KHG (KGr. 46)   ....
12. Erträge aus der Einstellung von
    Ausgleichsposten aus Darlehensförderung
    und für Eigenmittelförderung (KGr. 48) .. ..
13. Erträge aus der Auflösung von
    Sonderposten/Verbindlichkeiten nach dem
    KHG und auf Grund sonstiger Zuwendungen
    zur Finanzierung des Anlagevermögens
    (KUGr. 490-491) ....
14. Erträge aus der Auflösung des
    Ausgleichspostens für Darlehensförderung
    (KUGr. 492) ....
15. Aufwendungen aus der Zuführung zu
    Sonderposten/Verbindlichkeiten nach dem

KHG und auf Grund sonstiger Zuwendungen zur Finanzierung des Anlagevermögens (KUGr. 752, 754, 755) ....

16. Aufwendungen aus der Zuführung zu Ausgleichsposten aus Darlehensförderung (KUGr. 753) ....
17. Aufwendungen für die nach dem KHG geförderte Nutzung von Anlagegegenständen (KGr. 77) ....
18. Aufwendungen für nach dem KHG geförderte, nicht aktivierungsfähige Maßnahmen (KUGr. 721) ....
19. Aufwendungen aus der Auflösung der Ausgleichsposten aus Darlehensförderung und für Eigenmittelförderung (KUGr. 750, 751) ....
   ----
20. Abschreibungen
    a) auf immaterielle Vermögensgegenstände des Anlagevermögens und Sachanlagen (KUGr. 760, 761) ....
    b) auf Vermögensgegenstände des Umlaufvermögens, soweit diese die im Krankenhaus üblichen Abschreibungen überschreiten (KUGr. 765) ....
21. sonstige betriebliche Aufwendungen ....
    --------- -----------
    (KGr. 69, 70; KUGr. 720, 731, 732, 763, 764, 781, 782, 790, 791, 793, 794), davon aus Ausgleichsbeträgen für
       frühere Geschäftsjahre
       (KUGr. 790)

Zwischenergebnis ....

22. Erträge aus Beteiligungen
    (KUGr. 500, 521), ...
    davon aus verbundenen Unternehmen
       (Kto. 5000) ++) ....
23. Erträge aus anderen Wertpapieren und aus Ausleihungen des Finanzanlagevermögens
    (KUGr. 501, 521), ...
    davon aus verbundenen Unternehmen
       (Kto. 5010, 5210) ++) ....
24. sonstige Zinsen und ähnliche
    Erträge (KGr. 51), ...
    davon aus verbundenen Unternehmen
       (KUGr. 510) ++) ....
25. Abschreibungen auf Finanzanlagen und auf Wertpapiere des Umlaufvermögens
    (KUGr. 762) ....
26. Zinsen und ähnliche Aufwendungen
    (KGr. 74), ... -----------
    ----
    davon für Betriebsmittelkredite
       (KUGr. 740), ...
    davon an verbundene Unternehmen
       (KUGr. 741) ++) ....
27. Ergebnis der gewöhnlichen
    Geschäftstätigkeit ....
28. außerordentliche Erträge (KUGr. 590) ....
29. außerordentliche Aufwendungen (KUGr. 792) ....

```
30. außerordentliches Ergebnis ...............   .........    ...........
31. Steuern (KUGr. 730), .....................                ...........
                                                              -----------
    davon vom Einkommen
         und vom Ertrag                          .........
32. Jahresüberschuß/Jahresfehlbetrag .........                ...........
                                                              ===========
```

-----
*) Die Klammerhinweise auf den Kontenrahmen entfallen in der Gewinn- und Verlustrechnung
++) Ausweis dieser Posten nur bei Kapitalgesellschaften.

(3.) Artikel 13 Abs. 1 BilMoG – Änderungen der KHBV

Artikel 13

Änderung sonstigen Bundesrechts

(1) Die Krankenhaus-Buchführungsverordnung in der Fassung der Bekanntmachung vom 24. März 1987 (BGBl. I S. 1045), zuletzt geändert durch …, wird wie folgt geändert:

1. In § 4 Abs. 3 wird die Angabe „256" durch die Angabe „256a" ersetzt, die Angabe „, § 279" gestrichen und das Wort „Handelsgesetzbuche" durch das Wort „Handelsgesetzbuch" ersetzt.

2. Dem § 11 wird folgender Absatz 4 angefügt:

„(4) § 279 des Handelsgesetzbuchs ist letztmals auf einen Jahresabschluss anzuwenden, der für ein Geschäftsjahr aufzustellen ist, das vor dem 1. Januar 2010 beginnt. Die Anlagen 1 und 4 in der Fassung des Bilanzrechtsmodernisierungsgesetzes vom… (BGBl. I S. …) sind erstmals auf einen Jahresabschluss anzuwenden, der für ein Geschäftsjahr aufzustellen ist, das nach dem 31. Dezember 2009 beginnt. Die Anlagen 1 und 4 in der bis zum … [einsetzen: Tag vor dem Inkrafttreten des Bilanzrechtsmodernisierungsgesetzes] geltenden Fassung sind letztmals auf einen Jahresabschluss anzuwenden, der für ein Geschäftsjahr aufzustellen ist, das vor dem 1. Januar 2010 beginnt. Soweit im Übrigen in dieser Verordnung auf Bestimmungen des Handelsgesetzbuchs in der Fassung des Bilanzrechtsmodernisierungsgesetzes vom … (BGBl. I S. …) verwiesen wird, gelten die in den Artikeln 66 und 67 des Einführungsgesetzes zum Handelsgesetzbuch enthaltenen Übergangsregelungen entsprechend. Artikel 66 Abs. 3 Satz 6 des Einführungsgesetzes zum Handelsgesetzbuch gilt entsprechend."

3. Anlage 1 wird wie folgt geändert:

a) Die Aktivseite wird wie folgt geändert:

aa) Der Posten B. I. wird wie folgt gefasst:

„I. Immaterielle Vermögensgegenstände

1. Selbst geschaffene gewerbliche Schutzrechte und ähnliche Rechte und Werte (KUGr. 0901) ……

2. entgeltlich erworbene Konzessionen, gewerbliche Schutzrechte und ähnliche

Rechte und Werte sowie Lizenzen an solchen Rechten und Werten (KUGr. 0902)
……

3. Geschäfts- oder Firmenwert (KUGr. 0903) ……

4. geleistete Anzahlungen (KUGr. 091) ……".

bb) Der Posten F. wird durch folgende Posten F. bis H. ersetzt:

„F. Aktive latente Steuern (KGr. 19)++) ……

G. Aktiver Unterschiedsbetrag aus der Vermögensverrechnung ……

H. Nicht durch Eigenkapital gedeckter Fehlbetrag ……".

b) Auf der Passivseite wird nach dem Posten F. Rechnungsabgrenzungsposten folgender Posten angefügt:

„G. Passive latente Steuern (KGr. 39)++) ……".

4. In der Anlage 2 (Formblatt für die Gewinn- und Verlustrechnung) werden im Posten Nr. 20 Buchstabe a die Wörter „sowie auf aktivierte Aufwendungen für die Ingangsetzung und Erweiterung des Geschäftsbetriebes" gestrichen.

5. Anlage 4 wird wie folgt geändert:

a) In der Kontenklasse 0 werden die Kontenuntergruppen 090 und 091 wie folgt gefasst:

„090 Immaterielle Vermögensgegenstände

0901 Selbst geschaffene gewerbliche Schutzrechte und ähnliche Rechte und Werte

0902 entgeltlich erworbene Konzessionen, gewerbliche Schutzrechte und ähnliche Rechte und Werte sowie Lizenzen an solchen Rechten und Werten

0903 Geschäfts- oder Firmenwert

091 geleistete Anzahlungen".

b) In der Kontenklasse 1 wird die Kontengruppe 19 wie folgt gefasst:

„19 Aktive latente Steuern, Aktiver Unterschiedsbetrag aus der Vermögensverrechnung

190 Aktive latente Steuern

191 Aktiver Unterschiedsbetrag aus der Vermögensverrechnung".

c) In der Kontenklasse 3 wird die Kontengruppe 39 wie folgt gefasst:

„39 Passive latente Steuern".

Literaturverzeichnis

Brixius, Heribert / Klöck, Martin / Schmitz, Harald (2004): Wie Erlöse zu verproben und Überlieger zu bilanzieren sind – Die Auswirkungen des DRG – Systems auf die Finanzbuchhaltung und den Jahresabschluss, in: f & w – Führen und Wirtschaften im Krankenhaus, Heft 3, 21. Jahrgang, 2004, S. 249 – 253.

Buchholz, Rainer (2007): Internationale Rechnungslegung – Die wesentlichen Vorschriften nach IFRS und HGB, 6. Auflage, Erich Schmidt Verlag, Berlin 2007.

Deutsche Krankenhausgesellschaft (2009): Bestandsaufnahme zur Krankenhaus-planung und Investitionsfinanzierung in den Bundesländern - Stand: Juli 2009, URL: http://www.dkgev.de/dkg.php/cat/52/aid/6150 , Abruf: 04.07.2009.

Ellrott, Helmut / Förschle, Gerhart / Hoyos, Martin / Winkeljohann, Norbert (2006): Beck ` scher Bilanz – Kommentar – Handelsbilanz Steuerbilanz, 6. Auflage, Verlag C.H. Beck, München 2006.

IDW (2004): IDW Stellungnahme zur Rechnungslegung: Einzelfragen zur Rechnungslegung von Krankenhäusern (IDW RS KHFA 1), in: Die Wirtschaftsprüfung, Heft 9, 2005, S. 524 – 531.

InEK – Institut für das Entgeltsystem im Krankenhaus GmbH (2008): German Diagnosis Related Groups Version 2009 – Definitionshandbuch Kompaktversion – Band 1 DRGs A01A – I98Z, Siegburg 2008.

Helios Kliniken GmbH (2009): Homepage – Geschäftsbericht 2008, URL: http://www.helios-kliniken.de/ueber-helios/publikationen/geschaeftsbericht.html, Abruf: 04.06.2009.

Koch, Joachim (2007): Buchhaltung und Bilanzierung in Krankenhaus und Pflege, 4. Auflage, Erich Schmidt Verlag, Berlin 2007.

Lorke, Brigitta / Müller, Joachim (2008): Zukunftorientiertes Krankenhausmanagement – Rechnungslegung nach IFRS, 1. Auflage, Deutsche Krankenhaus Verlagsgesellschaft mbH, Düsseldorf 2008.

Lüdenbach, Norbert / Hoffmann, Wolf – Dieter (2006): Der Ratgeber zur erfolgreichen Umstellung von HGB auf IFRS, 4. Auflage, Rudolf Haufe Verlag, Freiburg i. Br. 2006.

Lüdenbach, Norbert / Hoffmann, Wolf – Dieter (2007): IFRS – Praxis Kommentar, 5. Auflage, Rudolf Haufe Verlag, Freiburg i. Br. 2007.

Mujkanovic, Robin (2008): Der Component Approach nach IAS 16 im HGB- Abschluss? , in: KoR, Heft 4, 2008, S. 245 – 250.

Pellens, B. / Fülbier, R.U./ Gassen, J. (2006): Internationale Rechnungslegung, 6. Auflage, Schäfer – Poeschel Verlag ,Stuttgart 2006.

Penter, Volker / Kohler, Wolfgang (2005): IFRS für Krankenhausunternehmen – Die Anwendung der International Financial Reporting Standards – Das Buch für die Praxis, 1. Auflage, Baumann Fachverlag, Kulmbach 2005.

PricewaterhouseCoopers AG WPG (2006): Leitfaden für Jahresabschlüsse der Krankenhäuser, 2. Auflage, Fachverlag Moderne Wirtschaft, Frankfurt am Main 2006.

Ruhnke, Klaus (2005): Rechnungslegung nach IFRS und HGB – Lehrbuch zur Theorie und Praxis der Unternehmenspublizität mit Beispielen und Übungen, 1. Auflage, Schäffer – Poeschel Verlag, Stuttgart 2005.

Salfeld, Rainer / Hehner, Steffen / Wichels, Reinhard (2008): Modernes Krankenhausmanagement – Konzepte und Lösungen, Springer Verlag, Berlin Heidelberg 2008.

Sana Kliniken AG (2009): Homepage – Geschäftsbericht 2008, URL: http://www.sana.de/wir-ueber-uns/finanzen/geschaeftsberichte.html,Abruf:05.06.2009.

Solidaris (2002): Solidaris – Information August 2002 ; Jahrgang 5, Ausgabe 3, Köln 2002.URL:http://www.solidaris.de/publikationen/solidaris_information.php?Thema=%2FPublikationen_info%2F2002, Abruf: 05.07.2009.

Spengel, Christoph (2009): Modernisierung des Handelsbilanzrechts – Was folgt für die Steuerbilanz? , in: Der Betrieb, Heft 3, 2009, 68 – 69.

Statistisches Landesamt Sachsen-Anhalt (2009): Internetlexikon – Begriff: „Krankenhausträger".URL:http://www.stala.sachsenanhalt.de/Definitionen/K/Krankenhaustraeger_.html , Abruf: 05.07.2009.

Ulmer, Peter (2002): HGB Bilanzrecht – Rechnungslegung, Abschlussprüfung, Publizität - Großkommentar, Walter de Gruyter Verlag, Berlin 2002.

Wagenhofer, A. (2005): Internationale Rechnungslegungsstandards – IAS / IFRS, 5. Auflage, Frankfurt a. M. 2005.

Wirtschaftslexikon 24.net (2009): Definition – Begriff: „Krankenhausträger". URL: http://www.wirtschaftslexikon24.net/d/krankenhaustraeger/krankenhaustraeger.htm , Abruf: 30.06.2009.

Autorenprofil

Jesko Niedziela, Diplom Kaufmann (FH), wurde 1978 in Berlin / Wilmersdorf geboren. Nach seiner Berufsausbildung als Industriekaufmann in einem großen Straßen- und Tiefbau Unternehmen, entschied sich der Autor, seine fachlichen Qualifikationen im Bereich der Betriebswirtschaft durch ein Studium weiter auszubauen. Das Studium an der Hochschule für Technik und Wirtschaft Berlin schloss er im Jahre 2009 erfolgreich ab.

Bereits während des Studiums sammelte der Autor umfassende praktische Erfahrungen in diversen Branchen, wobei er sich vornehmlich auf den Bereich Rechnungswesen / Controlling fokussierte. Zudem entwickelte der Autor ein besonderes Interesse am deutschen Krankenhauswesen. Die Besonderheit der Finanzierung deutscher Krankenhäuser motivierte ihn, sich der Thematik des vorliegenden Buches zu widmen.

Kontakt: jesko.niedziela@gmx.de